JN156470

教訓。

CFネッツ創始者・グループCEO
倉橋 隆行

プラチナ出版

教訓その

0 はじめに

教訓。

これは、人生の中で、さまざまな行動から、さまざまなことを学んできた経験により積み重ねられた「教え」である。

したがって、
楽しく生きるためのノウハウともいうことができる。

学ぶことについて、教科書や本を読むことでしか味わったことがない人が多いが、これは、子どものころから教科書を中心とした学校教育に起因する面が大きい。

いろいろな経験が必要な学生の頃に、教科書だけの内容を単純に鵜呑みにした記憶力頼りの学習方法で、問題を解いたら正解が出てくるという教育システムでは、ものを考えたり、創造したり、生きた経験則上のノウハウを学ぶことはできない。したがって、多くのノウハウは、人を介して、あるいは自らの経験によって学ぶことしかできないのである。

私は仕事柄、成功してきた人たちや失敗してきた人たちを数多く見てきた。そうした中で、さまざまなことをさまざまな人から若いうちに学ばせていただき、おかげさまで、現在の地位を確立することができた。実は、成功してきた彼らの生き方には共通性があり、その法則がわかれば成功できるかもしれないということを真剣に考えて実践し、自分自身の中に成功哲学が身についた気がしている。

ものごとは、考え方でできている。

もちろん、すべてが成果として現れたということではない。

自分自身がとりあえず実践してみて、うまくいったものもあれば、失敗したものもある。成功の法則は、とても簡単なことなのだが、本で学ぶ癖がついていると意外に気づかないことが多い。
もちろん本書も本であるのには違いがないが、本書は教科書のように学べば成功できるというものではなく、ある意味、考え方や実際の行動や組織の中で学んだことを教訓として読者に参考にしていただくものである。したがって、過去のことを学ぶのではなく、将来の岐路などで考える力を学べるものである。そこが教科書との違いである。

まずは素直に、思うところを実践していただきたい。

本書で紹介する事例は、私自身が実践して積み重ねてきて、教訓として学んできたものなので、ぜひ、参考にしてみていただきたい。

人として生まれてきた理由は、実は、楽しむためなのであり、苦しみなんてあるはずがないのである。

私自身、若いころにかなり苦しんだ経験はあったが、いま考えると、なぜあんなに苦しんでいたのかがわからない。しかし、いまがあるのはその苦しんだときがあったからであり、最初からその苦しみは「試練」だと考えていたなら、苦しむことはなかった。苦しんだのは、単に将来に対する夢や現実が読み切れなかったからである。

本書は、特に若者に読んでいただきたいと考えている。

以前、私が書いた「馬鹿に効く薬。」（週刊住宅新聞社）が、若者や経営者から絶大な支持をいただいているのは、本書に書かせていただく内容の経験則本であったからだが、これを読み、書かれていることを参考に行動したことによって、人生が変わったという人たちが数多くいる。私の著書によって「人生が変わった」とまで言ってくれるのは、本当にうれしい限りであるし、私自身も、さらに進化したいと考えるようになった。

本来、経営コンサルタントであり、投資家であり、実業家であり、多くの専門書のようなものも書いてきたわけだが、この「馬鹿に効く薬。」は、ちょっと異例の著書だった。実際のところ、現在でも評判が良く第2弾が期待されていた。

ところが、出版社である週刊住宅新聞社が事業を停止してしまって、それが叶わなくなってしまった。

しかしながら、今回、プラチナ出版刊の専門書「都市農地はこう変わる」というのを執筆したことがきっかけで、本書出版にあいなったのである。

人生というのは、楽しく生きても、辛く生きても、一度きりしかないのである。

であれば、誰もが楽しく生きた方がいいに決まっている。

実は、楽しいことと辛いことは、本質的に、そして根底的に一緒の場合が多い。

たとえば、スポーツの場合、辛い練習があるから勝利という楽しみがあるのである。だから、辛いことなど、楽しく過ごせばいいのに、なんだか悲観的になってしまう人が多い。

なんで自分だけ、こんな目に合うのだろう。

なんで自分だけ、こんな不遇な人生なんだろう。

なんで自分だけ、こんなに貧乏なんだろう。

なんで自分だけ・・・・・。

私も、実はそうだった。

しかし、考えてみれば、それはすべて他との比較であり、自己逃避であり、結果的に誰かのせいにしてしまう思考回路からなるものである。

いま現在は、そんな考えには至らない。それは、そんな思考回路が自分自身を悪くしていることがわかったからだ。

したがって、読者のみなさんは、若いときの私と同じような馬鹿げた考えに至らず、前向きに生きていけば、もっと素晴らしい人生に、もっと早くたどり着くに違いないと考えた次第なのである。

これも、一つの教訓であるが、ぜひ本書を最後まで読み進み、読み終えていただきたい。

目次

装丁・本文デザイン　吉村朋子
DTP　トゥエンティフォー

第1章

環境は自分で創り、変えていく

教訓その1 コミュニケーション

人は生きていくうえで、他の人とコミュニケーションを取ることが不可欠である。たとえば、仕事をするうえでの顧客は人間であるし、一緒に働く人も人間であるし、経営者も人間である。結婚して、夫婦となれば相手方も人間であるし、子どもが生まれれば子どもも人間である。

私自身、高校を卒業して夜学のコンピューターの専門学校に通い、プログラムの勉強をしたのであるが、プログラマーの人たちと接してみて、確かに彼らは仕事ができて就職先には困らなかったが、私自身、あまり魅力を感じることはなかった。当時は、現在のようなさまざまな処理ができるコンピューターではなく、機械言語を使ったオフィスコンピューターが主流であった。プログラマーは専門性をもって黙々とプログラミングをするだけの仕事であり、いわば電算機の計算式を創り上げるものだったから、コミュニケーション能力は必要ではない仕事だったのである。そこで考えた。過去も現在も、コンピューター業界で大成功している人たちは、プログラムがうまい人ではない。優秀なプログラマーを育て上げ、広告宣伝のうまい人でコミュニケーション能力の高い人たちなのである。

これは、たまたま私がプログラマーを育成する専門学校に通っていたときに得た身近な教訓であるので、プログラマーの職業に就いている人たちを卑下しているわけではない。プログラマーの人たちよりも先生、先生を束ねている校長先生を段階的に見ていると、明らかに校長先生やその学校を経営しているオーナーのほうが、コミュニケーション能力が高いことがわかるし、生活レベルも高いように感じた。

人間とのつながりやネットワークを構築するうえで、重要なスキルは、コミュニケーション能力だということがいえる。

知識や経験等、ある部分で秀でている人はいるが、そういった人でも、コミュニケーション能力がないと決して成功することはできない。

私がコンピューターを学んで、仮にそのままプログラマーとなり、高い知識を得て社会に出たとしても、残念ながら機械はデータを集計したり計算したりするだけでコミュニケーションを円滑にするわけではないので、より良いプログラミングができたとしても、さらに日進月歩の開発に追われ、生き残っていくことはできなかったと思う。最近では、ＡＩ（人工知能）等も出てきて進化しているが、これは所詮、機械の領域であって、人間とのコミュニケーションの領域に到達するとは考えられない。したがって、人間社会、どのよう場面であっても、コミュニケーション能力は必要となる。

一方で、コミュニケーション能力だけあれば必ず成功できるというものでもない。そこには、成功するための練習や行動、そして修正が必要となる。

わかりやすい話をしよう。

私は、子どものころから、コミュニケーション能力はそこそこ高いほうだった。細かいことは「馬鹿に効く薬。」という本に書いたが、友だちも多かったし、さまざまな遊びを考案して、楽しく過ごすことができていた。ところが、小学校高学年から高校までの間、剣道をやっていたときに、これが変化してしまった。剣道をやり始め、試合で勝つためにいろいろなことを考え、練習を繰り返すうちに、妙な武道家感みたいなものが頭の中に蔓延し、やたらかっこつけるようになっていた。そんなこともあり、中学時代は女性からの恋文をよく下駄箱にいただいていたが、つき合うこともなく剣道に打ち込んでいた。

そして高校に進学するも、男子校。それも新設校だったから、3年生はおらず、2年生の連中から意味のない「しごき」を受けた。あまりにも頭にきたので、1年生対2年生で3対3の勝負を挑み、3対0で勝ってしまった。そのため2年生は全員退部し、私が仕方なく部長をやることになってしまった。その後、高校2年までは部長を務めていたが、アルバイトが忙しくなってきてあっさりと剣道をやめてしまった。

さて、剣道をやめてからも例の武道家感みたいなものを持ち続け、妙な正義感も芽生えていた。ある日、英語の授業でオーストラリア人を連れてきたのはいいが、なんと英語の先生との会話が通じなかったことで「教える先生が英語を話せないようなら、われわれも英語を話すことができるようにはならない」と英語の授業をボイコットしてしまった。これが原因で学業成績は落ちてしまったのであるが、その頃から学校教育について不満を持ってしまった。その原因は、妙な正義感からだった。先生はこうあるべきだ、学校はこうあるべきだ、社会はこうあるべきだ、政治家はこうあるべきだ、親はこうあるべきだなどなど〝こうあるべき論〟が子ども心に蔓延し、何でもかんでも不満を持つようになってしまった。

自分の中で不満が蔓延すると、コミュニケーション能力は低下する。

しかし、高校を卒業してから湘南でサーフィンをするようになり、そこで性格が一変した。

それは、わかりやすく言うと、硬派から軟派に変わったということである。

人間には、男性と女性しか存在しない。

したがって、異性とも仲良くなれないと人間関係は難しいと感じるようになった。こんなことを本書で書くと、「え、先生、そんなことしていたの？」と軽蔑めいたことを言う人がいるが、成功している人の多くは、多かれ少なかれ、青春時代は馬鹿なことをしている。それを隠しているだけだ。

私の場合、朝方、湘南でサーフィンをしてから、友だちと帰り際に女性を誘って食事をすることを競うゲームをやっていた。すると、自然に女性の友だちも増えてきて、結構、楽しく過ごすことができたのである。その他にも、いろいろなことをして遊んでいたが、あとは想像にお任せする。

ここで言いたいのは、**妙な正当性を確立しないことだ。**

教訓としては「〇〇はこうあるべきだ」とは、思うべきではなかった。私の場合は「武道家はこうあるべきだ」との考え方が蔓延してしまった結果、その延長線上に、子どものころは、親はこうあるべきだ、先生はこうあるべきだ、社会はこうあるべきだ、友だちはこうあるべきだと勝手に決めつけてしまう。

読者にも経験があると思うが、「あなた、親友だよね」とか勝手に親友を押しつけてくる奴がいる。場合によっては、お互いに親友の義務を押しつけあって、変な方向に走るのもいる。友だちというのは、一緒にいて楽しければ友だちだし、楽しくなければ友だちでもなんでもない。妙な義務感を持つ感覚は危険だ。

昔、「友だちだろう」と言って、お金を借りにきた奴がいたが、学生時代に友だちだっただけであって、そのときは別に交流はなかった。むげにはしなかったが、お金は貸さなかった。なぜなら、そういうのに限って貸した金は返ってこないからだ。多分、俺は友だちなのだから、自分が困っているのだから、それでお前はお金を貸すべきだ、と考えたのだろう。世の中には面倒くさいことを考える人が多く、こうした人たちに巻き込まれると、自分も面倒なことになる。だいたい、友だちにお金を借りにくる段階で、「この人は返せる能力はない」と考えるべきだ。

これも「教訓」と思っていただきたい。

私自身、そんなことはわかっているのに、知人の紹介で入社してきたのが「前職の会社でお金を借りたので、それを返さないと転職できない」といったことだったので、入社の際にお金を貸した。しかし、このような人たちにはことごとく裏切られている。

さらに、連帯保証人などになって、人生を棒に振る人もいるから注意が必要だ。これも、なんらかの人間関係の義務感から引き受けてしまっての結果だ。友だちだとか、親せきだとか、自分とは関係のない、人生のなかで義務だけを負う契約が存在するのは、やはり面倒なことに巻き込まれる原因になるのである。

たとえば、身近なところでは、知人が家を借りるのに連帯保証人を頼んでくるようなことがある。相手方は、「もう長いつき合いだから」とか、「親せきだから連帯保証人になるのは当然だ」というような姿勢でお願いにくるし、受けるほうは「私を信じて頼みにきたのだから」とか、「たかだか10万円くらいの連帯保証人だから」とか、「住まいを借りるだけの契約だから」とかの理由で、なんとなく断り切れないから連帯保証人になったりする。

しかし、不動産の専門家である私から言わせてもらえば、お金を借りる金銭消費貸借契約の保証人のほうがましである。たとえば50万円借りる保証人は、最悪、

50万円と延滞利息を払えばいいわけであるが、家を借りる建物賃貸借契約では、本人が滞納したまま建物を明け渡さなければ、その滞納賃料と明渡遅延損害金、明け渡した後の原状回復費用まで保証させられることになる。場合によっては、訴訟費用等も負担させられるから、自分自身が破産することも考えられる、リスクの高い行為であると考えるべきだ。

連帯保証人は、なんの得もないのに過大なリスクを背負うことになる。

実は、私の父は公務員であったがために連帯保証人を頼まれることがあった。昔、近くの肉屋が父に頼み込んで、父は連帯保証人になった。やがて、その肉屋は倒産し、破産してしまったから、当時のお金で３００万円の支払いを余儀なくされた。当時、生活は楽ではなかったのに、仕方なく分割での支払いを続けていたところ、その肉屋が隣町で豪勢な暮らしをしていることを父が聞きつけ、酔った勢いで「殺してやる」と言って包丁を持って出かけたことがある。母親が慌てて１１０番したから父は保護されたが、知人の警察官のおかげで大事には至らなかった。私がまだ幼いときの話であるが、その光景はうっすらと覚えている。

したがって、私は、知人や部下が連帯保証人を頼んできたときには、引越し祝いを渡して連帯保証人の話は丁重に断っている。

相手の「こうあるべき」的な思考にのらず、自分の中での「こうあるべき」的な思考も持たず、そして、

お金に困っている人とはつき合わない。

お金は貸さない。連帯保証人にもならない。

これも一つの教訓にしていただきたい。

教訓その2 学歴

結論から申し上げると、学歴は学歴。ただそれだけであると理解した人が勝ちである。

成功している経営者の多くは、それほど学歴などにこだわっていない。

その反面で、学歴詐称をはじめ、学歴についてよく話題にする経営者や政治家もいるのだが、この人たちは、学歴が低いことが自らの仕事の評価にも反映されてしまうと考えている。結局、学歴を詐称すればなんとなく成功できると考えているのだろう。

以前、テレビ番組でニュースの解説をしていた人が、とんでもない学歴や経歴を詐称していたことがわかって、多くの番組を降板させられてしまったが、結構、まともなことを言っていたから、学歴や経歴など詐称しなくてもやれていたのではないかと思う。

私の最終学歴は専門学校卒で、それも夜間の部である。専門学校卒というカテゴリーがないとすれば、単に高卒である。だからといって、学歴について恥ずかしいとは思っていない。なぜなら、人生というのはなにができたか、なにができるのかで価値が決まってくると考えているからだ。もちろん、学歴の高い人は高い人で、そこで培った知識やネットワーク、コミュニケーションを利用して仕事をする人がいるし、官僚組織にも高学歴の人たちがいる。そして大企業の中には、学閥というのが存在する。そういう意味で、優秀な大学の学歴があったほうがいいという考えもある。ただ、ここに固執することで、むしろ学歴が邪魔になることもあるのである。

「おまえ、本当に〇〇大学でてるの？」などと、あまりにも仕事ができないとそんなことを言われたりする。

世の中には、それほど高学歴の人はいない。

そのなかで、学歴のことを誇示したところでなんの役にも立たないのである。

以前に、ある研究会に高学歴の人が参加していた。これまでにも何度かお会いしていたが、その人はたまたま知人の紹介で不動産業に入ってしまったことについて、自分の学歴に合わないことを理由に悔やんでいる様子だった。以前から表面的なおつき合いはしていたが、残念ながら、なにか仕事を一緒にやろうという気持ちは持てなかった。そんなある日、別な研究会でお会いしたときに、私に「食事をしたい」と申し出てきた。そこで食事をしながら酒を飲んでいる最中に「今の会社が物足りなく、耐えられないので独立をする」と言い出した。多分、私に背中を押してもらいたかったのか、何か支援を求めてきたのかは定かではないが、私としては、その人の性格では起業は無理だと思ったので、思い止まらせようと説得してみたが、結局、その会社を辞めてコンサルタントとして独立した。しかし、それまで大手の会社の肩書で業務を行ってきただけで、実際、仕事ができなかったし、残念ながらコミュニケーション能力も足りなかったので、当然だが長続きはしなかった。現在は、この業界とは縁が切れているようだが、この人

の問題は、

高学歴であるがゆえに、
物事を知っていて知識があれば成功できる

という、間違えた考えを起こしてしまったことだ。

私自身、子どものころに考えたことがある。

おかげさまで理解力のある子どもであったと思うし、そんなに頭の悪い子どもでもなかった。考える力が強かったせいか、ちょっとしたことでも先生に質問していた。数学で方程式を学び始めたころは楽しくて楽しくて仕方がなく、そのうち因数分解を解くのが趣味の一つになり、先生にも疑問点はたびたび質問していた。私が因数分解の理解をしようとしている最中に、その先生に「一つのことに時間をかけていたら、時間がいくらあっても足りない。教科書に書いてあるとおりにやっていればそれでいい」と言われて幻滅した。確かに、理解するまでに時間はかかるかもしれないが、理解ができていないのに答えが出せる仕組みだけを学ぶことに疑問を感じ、同時にいろんなことに疑問を持ち始めた。

一例として、授業中に聖徳太子が2歳でお経を読んだということを聞いたときに、私は「それは絶対に有り得ない」と言ってしまったことがある。「それって、誰かが事実を確認しているのですか?」と先生に問いただしたことで、ひんしゅくを買ってしまった。また読書感想文を書くことを求められ、時間をかけて読書をしてから感想文を書いて提出すると、間違いを指摘されたこともあった。そもそも感想文というのは、自分で考えた感想を書くべきであって、そこに非難される筋合いもないと考えたりしていた。

そこで一度、学校の先生に、このような勉強に意味があるのかと質問したことがある。すると、学校の先生は「成績が上がれば良い学校に進学ができるでしょ」と言った。そこで「良い学校に進学ができるとどうなるのですか」と聞くと、「良い会社に勤めることができる」と先生から言われた。良い会社に就職するとどういうことが起きるのかということも聞いたが、「良い会社に入れば収入も安定するし将来に不安がない」ということを言われた。よく考えてみると、学校の先生というのは大学で教職課程を学び、その後に教育実習をして学校に就職した人だ。この先生の話は、学校の先生としての経験のうえでの話でしかなく、私が考えるような人生設計には当てはまらない気がした。なぜなら、自分は学校の先生を目指してはいなかったからだ。それからは、自分の行動についていろいろ調べることにした。

私の父は農家の長男である。戦争のどさくさで横浜に住み着き、そのまま横浜で公務員になってしまった父は、朝は人より少し早いが、勤務先が近かったせいもあって帰りも早く、帰宅してすぐに風呂に入り、そのあとは毎日のように自宅に出入りしていた公務員の仲間や近所の人たちに、そんなに裕福でなかったのにもかかわらず、振る舞い酒をしては散財していた。実は子どものころ、そんな父の姿を見て尊敬していたこともあり、将来は公務員になって父のような生活をしてみたいとも考えていた。そこで母に相談したのだが、母はひと言、「この人がこんな人なら、そもそも結婚なんかしなかった」とポツリとこぼし、同時に「お前は絶対に公務員にはなるな」と私に言った。

うちの家系というのは、姉が3人いて私が4番目の子どもなのに、長男であることから、昔ながらの家制度みたいなものに縛られていた。学校からの帰り際に友だちと遊んでいても、風呂炊きもしなければならなかったため、もっぱら遊び場所の多くは自宅近くの公園や墓地だった。父は帰ってくると風呂に入り、上がると丹前を着て高価なビールを飲み始め、母の作った料理を食べながら来客とさまざまな話をして過ごしていた。その横で私もその晩酌につき合わされた。また、当時の公務員の行事というのはかなりの数があり、忘年会、新年会の他にも、釣り大会や地引網、送別会等の催し物も多かった。これら以外にも、わが家に出入りしていた電気屋の招待旅行にまで、私も一緒に連れて行かれた。父は最初から私を公務員に育てるつもりで、人脈を作っていたのかもしれない。その一方で母は「絶対に公務員にはなるな」と言っていたので、どうしていいのかわからなかった。そういう環境だったので、父もあまり参考にはならなかった。

小学校では、社会科見学の一環で工場見学が行われていた。たまたま私の友人の家が地元で卵焼きを作っている工場をやっていて、その友人とは仲も良かったため、お父さんに会わせてくれるように話をしてみたことがあった。すると、学校が休みのときにアルバイトにくるように言われた。それは確か、小学校5年生か6年生のころであったと思う。その工場は昼夜を問わず稼働していたが、私と友人は夕方から手伝うことになった。工場には結構な数の人が働いていて、周りの機械がとんでもない数の卵を割っていた。自らが働くという学校の工場見学とは全く違う状況の下、割られた卵の殻を集める仕事をした。その友だちも一緒だったが、いつも手伝わされていたらしく手際が良かった。仕事が終わるとお父さんに呼ばれ、お小遣いがもらえた。私は面食らって断ったのだが、お父さんは「働くというのはそういうことだ」と教えてくれ、ニコニコ笑っていた。多分、うちの父と同じで東北の出身だったのだろう。訛りがひどく、作業服で従業員と一緒に働く姿が印象的だった。

結局、仕事は1日しかやらせてもらえなかったが、すごく印象に残っている。まだ子どもだったが、働くということを実感し、労働の対価をはじめて得た感動は忘れられない。

教育というのは、本質的に働いて稼がせるシナリオ作りも重要だと思う。

私の娘が小学生のころ、私が買った投資物件の清掃をやらせたことがある。当然、私も一緒に清掃した。実際は清掃作業員を雇っていたから意味はなかったのだが、そのマンションのエントランスを掃除させ、仕事のでき栄えでお小遣いを与えた。すると、不動産に興味を持ち始めたので、小学校2年生、3年生の2人の娘に50万円ずつ資金を贈与して、ワンルームマンションの持ち分を与え、持ち分に応じた賃料を小遣いとは別に分けてあげた。すると、下の娘は小遣いと一緒にして洋服等を買ったりしていたが、上の娘は小遣いと賃料を合わせて貯金し、さらに再投資を繰り返すようになった。

結局、下の娘は高校を出てブランドバッグの会社に就職した後、現在は当社の関連会社で働いている。上の娘は公認会計士になっている。これは娘の比較ではない。両者ともに社会に出て仕事をしているということである。

現在、多くの若者が働かずに家にいる家庭は少なくない。実際、その中に高学歴の人もいたりする。日本の多くの高校はアルバイトを禁止しているが、私はどんどんアルバイトをして社会を体験することは大事だと思っている。仕事をして報酬を得るという行為は必要だと考えている。そもそも学校とは、基本、社会に出るための教育をする場であり、学校教育のなかで学べないものを社会で訓練するのは普通なのではないか。

ちなみに、当社の近くに工業高校があった。当社ではパソコンの操作ができるアルバイトを募集していたので、双方にメリットがあると考えて、その学校に生徒をアルバイトとして派遣してもらえるよう申し入れたところ、先生はとても喜んで受け入れてくれた。こちらもパソコンを買って準備をしていたところ、その学校から連絡が入り、その話はなくなってしまった。それは教育委員会からの指導によるもので、公立の高校生はアルバイトが禁止ということであった。

現在、当社ではインターンシップ制度というのを設けて、高校卒業者を受け入れて不動産の勉強をさせ、２年間のうちに宅地建物取引士の資格を取らせ、ある一定の基準に到達したら大卒新規と同額の給料を出す仕組みを構築している。

教育の場を学校だけに頼り切ると、自立できない子どもが増える気がする。確かに学業に専念する時期も必要なのかもしれないが、少なくとも、社会に出る準備を始める時期である学生時代には、社会の勉強をしておくべきだと思うのである。

学歴は、あくまでも学校で過ごした時点のことであって、それ以上でもなく、それ以下でもない。ただ、それだけのことである。

教訓その３　貧すれば、鈍す

これは金銭的なものだけではなく、精神的なものにも当てはまる言葉だと考えている。

金銭的な貧乏からは努力次第で立ち直ることができるが、精神的な貧乏は、根本的に自ら直さなければ、将来にわたり、ずっと貧することになるのである。

この〝貧する〟という感覚は意外に気がつかない人が多く、われわれからみると「そんなことで悩むんだ」と思えるほど視野が狭い。

貧する思考回路は、決して豊かな人生を創らない。

環境が人を変えるというが、

自分を育てる環境は自分で創るしかないのである。

私自身、子どものころに下町で育った経験がある。周囲には比較的貧乏な人が多く、そこでの環境からは学ぶことが多かったが、残念ながら自分の将来の豊かさを描くことはできなかった。しかし、中学生のころに引越しをして新たな環境ができ上がり、自分自身の環境について考えることができるようになった。ここは大きな岐路だったと考えている。

子どもの環境は、親が変えなければ変えられない。

当時、私の姉が商業高校を出てから銀行への就職を考えていた。下町の長屋住まいだったのだが、このことに対し「こんな借家住まいでは一流の銀行に採用されない。そして採用されなかったら、こんなところに住んでいる親のせいだ」と言い出し、すごい剣幕で両親に迫った。そこで、父親がしぶしぶ建売住宅を買って、家族全員が引っ越したのである。いままでは下町で便利なところだったが、買った建売は山を切り開いて造成した場所だったので不便だったが、なんとなく同じような環境の人たちが集まっていたので過ごしやすかった。おかげで、それが理由かどうかはわからないが、姉は高校を出て大手の銀行に勤めることができたのである。

また、学生時代から多くのアルバイトをしてきて、さまざまな人たちを見てきたが、ここでも豊かな未来を想い描くことはできなかった。社会に出てみても、ほとんどの人たちの思考回路は残念ながら、貧する考え方だった。

働くという行為を、労働の対価を得るだけの尺度でしか見ることができないのである。

しかも、労働の対価をいかに楽に得られるかしか考えていない人が多い。かような人たちは、働く時間とその給料のみで判断するだけの人生設計しかできないから、働く時間以上の付加価値をつけることは、まず難しい。

そこで私は、アルバイトの延長線ではあったが、自らの働く時間と、人を雇って働いてもらう時間で収益構造を作ることを考えた。実際、人を使う環境と使われる環境では大きな差がある。使う側の環境とは、仕事をなるべく多く取ってきて付加価値をつけ、人に働いてもらいながら総合的な利益を上げる仕組みを構築することだが、このことは、私が社会に出て最初に考えたことだった。

高校生当時、多少幼稚なことかもしれないが、アルバイトをしながら自分の人生を見直したときに、アルバイトの延長線上でその仕事に就くというのは、非常に不利益なことだと考えた。さまざまなアルバイト先から社員登用の話があったが、給与面ではアルバイトのときと変わらなく、昇給するにしても、その会社の将来性から考えると、定年退職まであまり所得が変わらない気がした。

さらに、私自身は高校を出てから大学にも行かずに、夜学でコンピューターのプログラムを学んだ。比較的楽しいとは思ったが、コンピューターをプログラミングして計算をする作業はさまざまな可能性を秘めていた反面、プログラマー自体は、自分自身の時間を使って稼ぐことしかできないことがわかった。当時のコンピューターが、現在のパソコンのようにさまざまな汎用性があればもっと夢もあったのかもしれないが、私が学んだころは、残念ながら〝機械言語〟といってせいぜい繰り返し計算をするシステム、いわゆる電算機の延長線でしかなかった。こうしたことから、余計に「社会に出てからどうしよう」と考えざるを得なかった。

将来に、夢がない。

若いころは真剣に考えれば考えるほど苦悶するものである。

どうして食べていってよいのかわからない。どんな会社に行って、どのような仕事をして、どのように稼いで、どのように家族を養っていくのか甚だ見当がつかない。私が若いときには、社会へ出るときにこのような危機感を抱いていた。

現在、新入社員の最終面接をすることが多いが、数多くの若者と会話をしていくなかで、すでに幸せな生活環境のなかにいるのに、それに気づかない子どもたちが多いことに驚かされる。当たり前のように親のお金で進学し、就職をして、当たり前のように社会に養ってもらえると思っている人たちが非常に多いのだが、その感覚自体が、実は現代の日本経済の没落を招いているのではないかと私は考えている。こう言ってはなんだが、大した大学でもなく、将来の目標を持たずに、とりあえず入れる大学の入れる学部に入り、とりあえず入れそうな会社に面接に回って、内定が取れれば就職をする人たち。これでは、本人にとっても、親にとっても、社会にとっても不利益なばかりである。

また、中途採用の面接でも、前にいた会社の悪口をいろいろと言う応募者がいるが、その会社を辞めた理由については、応募者自身のせいではないと思っている。しかしながら、会社の環境を変えられなかったのも応募者自身だし、会社を悪くしていたのも、また自身であることに気がつかない。こういった人を当社で採用することはないのだが、履歴書を見ると、そのような人のほとんどが職を転々としている。

貧乏人根性を捨てないと、豊かな将来は約束されない。

自分の後ろには、夢がないということを知るべきだ。

常に過去にこだわり、学歴とか過去のことをよく口にする人がいるが、残念だが、それはなんの役にも立たない。過去になにをしてきたかとか、また過去の学歴なども、実はあまり将来には関係がない。

いつも前向きに生きていると、夢と一緒に現実が現れるものである。

後ろ向きの人は、残念だが将来の夢を語ることができない。なぜなら、自分の向いているベクトルが常に過去を指しているからだ。

昔、アルバイト先で先輩面をした人たちが、自分の学生時代や過去の人生を語って偉そうにしていたが、彼らは、いまの自分たちがどうなっているのかを気づかずにいた。つまり、学生時代や過去にこだわり、前を向いてなにかに取り組むということでなく、自らが良かった時代を語るだけで、それ以上の結果が出せていなかった。結果的に、わが身の身の丈を知らず、将来設計が自然にできなくなってしまうので、常に過去に浸ることとなるのだ。かような人たちと一緒に行動することにより、自分までが同じような言動や行動をとるようになってしまう。なぜかというと、自分自身がその後ろ向きの環境に慣れてしまうからである。私自身は学生時代にそのことに気がついたので、社会人になってからは後ろ向きの人たちと一緒に飲みにいったりすることはほとんどしなかった。学生時代にアルバイトの延長線で起業したことで、結果的に社員に対し、資格試験の受験準備を手伝ったりしながら、将来の夢を持つことの大切さを語ることができたのである。

将来の夢がなくては、楽しくなれないのである。

したがって、楽しい人生を送るためには、うしろ向きな貧乏人根性を捨てることだ。

教訓その4
考え方一つで良くも悪くもなるものである

人の発する言葉は人に影響を与えるものであり、後ろ向きの言葉を言い続けることは、他人の人生まで後ろ向きにすることになる。

だから、

いつも前向きな言動を心掛けることだ。


前向きな言動を続けることにより、周辺の環境も変わってくる。

後ろ向きの人たちは前向きな人たちを毛嫌いする傾向にあり、前向きな人たちとは一緒の環境で仕事をすることができなくなるので、結果的に淘汰されてしまうこととなる。

たとえば、会社というのはいつも前向きでなければいけないから、当然、経営はすべて前向きな姿勢が大事になる。このことから、経営者は前向きな姿勢を好む。そして前向きな人は明るく、後ろ向きの人は暗い。したがって、言葉や言動は明るくないと、会社は社員を評価しない。また明るい人は周囲を明るくするが、暗い人は、残念ながら周囲まで暗くしてしまう。暗い人は、他人の言葉や言動を否定する傾向にあり、肯定することがないから、物事の見方も、どんどん暗くなってしまう。そのため、結果的に明るい人の言葉や言動を理解できなくなり、自らの殻にこもってしまうのである。

人は誰でも暗い性格は望んでいないし、暗い人生も望んでいないはずである。

同じように、家庭環境においても、子どもを明るく育てたいと思っていても、親の考え方が暗ければ、子どもは明るく育たない。環境というのは自分たちで作るしかなく、自ら明るくしていかなければ周辺が明るくなることはないのである。

暗い人は、自分が暗いのに「周りの人たちが明るくて孤立する」とか、「仲間外れに耐えられない」などと言って、他人のせいにするわけである。家庭内においても、明るい家庭を望むならば自ら明るくしなければならないし、明るい子どもを育てるには、自らが明るい接し方をしなければ、子どもは明るく育たない。会社も同じで、暗い経営者の下では会社は明るくならないし、暗い会社などに業績を上げることはできない。

明るい会社に暗い会社が近寄ってくることもないし、その逆もない。会社を前向きに明るくすることによって、業績を向上させ、人も育つものである。したがって、経営者にとっても、社員にとっても明るい性格は重要である。

人を採用するときに、その人がこれまで幸福だったか不幸であったかを聞いて、採用基準にしている会社があることを聞いたことがあるが、実はそれは正しくて、どんな不幸な環境のなかでも、自分自身がラッキーだと思っていれば必ず再生できるし、考え方さえ間違っていなければ修正もできる。ところが、逆に自分の不幸を自らの生い立ちや周囲の環境のせいにしていたら、多分、ずっとその後も修正されることはなく、不幸な人生を送ることになる。不幸な人生を送ることで、周囲に対しても不幸を広めてしまうことになる。なぜなら、余計な心配を周囲に撒き散らすことによって、周囲の人たちも大切な時間を取られてしまうことになるからだ。また、つき合っている人によって自身の環境もどんどん変化していくので、当然、不幸な環境になってしまうこともある。

誤解を恐れず言わせてもらうと、

不幸は不幸の連鎖を生み出すことになる。

人間というのは、最初に身を置いた環境によって性格が形成されるもので、悪い環境に身を置けば、数週間も経たずに悪い環境に慣れてしまう。そして、悪い環境がその人の性格を形成するようになるので、残念ながら、その後に良い環境に身を置いたときにも、順応がしにくくなるのである。学校教育についても、同じようなことがいえる。

人は、それぞれの幼少期の家庭環境や学生時代の教育環境、そして社会に出る前のさまざまな環境によって性格が形成されることになる。注意しなければならないのは、そこでの環境が自分のためになるのかどうかを、自らきちっと判断できる人でなければならないということだ。

だいたい、正義を振りかざす人というのは、周りを考えないで自分たちを正当化する。

世の中には、無責任な正義が蔓延している。

たとえば、現在流行っているようなテロリストたちのさまざまな行動も、彼らにとってみれば、一般人が決して思いもよらない正当性をもって行動しているのだろうし、国民には暴力が認められていないのに、国は武力行使を正当化する。毎年、どこかで何万人も殺されているのに、誰も処罰を受けない。

組織においては、その組織にとって都合の良いさまざまな活動を行うが、少なくともわれわれが行っている経済活動のなかでは、顧客という人たちに共感してもらえるような会社でないと、満足な経済活動はできない。したがって、政治も官僚も国民目線で共感の得られる仕組みづくりをしなければならないのに、現時点ではできていない。

また、会社が犯す詐欺事件というのもあるが、それは会社の指示で行っているのではなく、構成員である社員たちが行っているのである。犯罪組織において、行動するのは組織そのものではなく、結局は、組織のなかで動く人だからである。社会のなかにおいては、自らの判断に基づいて正しい動き方をしないと考え方が歪み、結果的に自分の人生がおかしくなってしまうことになるのである。

最近、生活保護の支給金額が、年金の金額よりも高くなるケースがあることがニュース等で報じられている。本当に生活保護が必要な人であればこれも致し方ないと思うが、非常に矛盾を感じる。働いて積み立てた年金額より、働かずに年金や税金を納めなくても生活保護で支給される金額のほうが高いということで、若者の間では、働かずに生活保護の受給をするほうが得だと考える人が後を絶たない。確かに働かずして生活保護を受け続けるという、それも一つの得な人生なのかもしれないが、人生においてはむしろ、大きな損ではないのかと私は考えている。人の価値観は、お金では図ることができないのは当然だが、お金がないと幸福感を味わえないのも事実である。しかし、生きていくだけのお金があるからといって、人は単純に幸福になるわけでもない。それは、現在の資本主義社会のなかでの生き方でもある。

たとえば、会社で補助金や助成金を不正に受け取って利益を上げても、それは社会的な貢献にはならないのであり、結果的には、それらの行為がばれてしまい、すべてを失うことになる。そこからの信用の回復は難しくなり、将来を棒に振ることにつながるのである。

お金は、稼ぎ方と使い方に哲学がなくてはならないのである。

人は考え方で、良くも悪くもなるものである。

貧する考え方、貧乏人根性は捨てることだ。

教訓その5 経済活動というのは、お金が回れば成り立つということではない

多くの事業を行っていても、お金があれば経済活動が継続できるとは限らない。

それは、お金があっても事業にコンセプトがなく、顧客から受け入れられるビジネスモデルがなければ、結果的にお金は枯渇し、その会社は社会からも受け入れられなくなるということである。

個人でも、同じことだ。

経済活動は、お金だけではない。

この感覚がわからないと、なかなか事業は難しいし、個人の成功もあり得ない。

あわせて、社会性も維持できなくなるのである。

国家についても同じことが言えるのではないだろうか。

税収を考えずにサービスを増やそうとする政治家というのは、自らの地位を維持するために国民の税を分配するのだが、収支が狂ってくれば国家の存続は難しくなる。そのような意識で政治に取り組んでいる政治家たちが、どれほどいるだろうか。当然、彼らも最初の志は国民のために働くことだったと思うが、日本の場合、組織に依存しなければ政治家としての生命が危ぶまれるという環境ができ上がっている。このような環境下では、満足な政治はできないのではないかと思う。これも国政という環境のなかで積み上げられてきたスタイルなのだろうが、国民の声が政治に反映することは至って少ない。なぜなら、政治を形成する根底にあるのが多数決という場であることから、納税者だけではなく、有権者と呼ばれている人たち全部がその場に参加しているからである。

社会というのは、働いて収入を増やし、納税しなければ成り立たないということを、大人が子どもに対して教育しないため、現状がわからず、大人になってもサービスのみを要求する人たちが増え続けてしまうのである。こうした流れは、国家の破たんにつながっていくことになるのである。

あっ、ずいぶん、教訓というテーマから遠ざかってしまったが、国家はいまさら変えられないので、われわれはこの国のルールに沿って生きていかなければならず、将来、国が助けてくれるわけではないから、結局、自分の人生は自分で考えるしかないのである。

私は商売柄、老後破たんする人たちを多く見てきた。また、高額所得者の人たちが破たんするケースも多く見てきた。その人たちは、自分の家計の収支が判断できない人たちである。

経済活動は収入と支出、そして資産と負債である。

収入500万円の人が、1年間で500万円使ってしまっても生活は成り立つ。しかし収入から支出を差し引いたものがキャッシュフローであり、キャッシュフローがゼロの場合、当たり前だが資産である預貯金もゼロである（表1）。

しかし、この人がたまたま交通事故にあったり、身内で冠婚葬祭があったりして50万円の支出が必要だとすると、お金がないから消費者金融などで借りること

表1

収入（500万円）	
支出（500万円）	
資産	負債
預金（0円）	金融機関等借入金（0円）

表2

収入（500万円）	
支出（520万円）	
資産	負債
預金（0円）	金融機関等借入金（50万円）

になる。すると、50万円を10％の利息で3年返済だと年間20万円の支出を余儀なくされる。

当然だが、収入が上がらない限り、毎年20万円を借り続けて返済に回すから必ず破たんすることになる（表2）。

では、どうすれば良いか。

簡単な話であるが、支出を減らすことから始める。仮に支出を年間400万円に減らせれば、毎年、100万円の預貯金としての資産が増えることになる（表3）。

そうすることで前者の人よりはリスクは減ることになるわけだ。しかし、それだけではリスクが回避できるとは限らないのが人生である。先に書いたとおり、老後破たんや高額所得者の破たんはどのようにして起こるかも考えなければならない。

次ページのグラフは34歳で年収が700万円の人のものだ。奥さんと子どもが2人、子どもを私立の学校に行かせ、20万円もする賃貸に住んでいて、将来も引越しを考えている。これを理想形に年収も増え続け、子どもを私立の学校と大学を卒業させ、退職金も1500万円ほど出る計算だ。

表3

収入（500万円）	
支出（400万円）	
資産	負債
預金 （100万円）	金融機関等 借入金 （0円）

確かに働いている時代はなんとかなる。しかし退職してしまえば、その後、収入が続かない。生活費は下げられず、収入が支出に追いつかず、借金を繰り返して破たんすることになるのである。

そもそも退職してからも現職時代と同じ所得が確保できると考えて呑気に暮らしていれば、かような事態に陥るに決まっているのである。

日本の年金はあてにならないし、生活が保障されるほどの額はもらえない。老後までの経済活動の根底を支える計画が必要であることは間違いがない。

グラフ

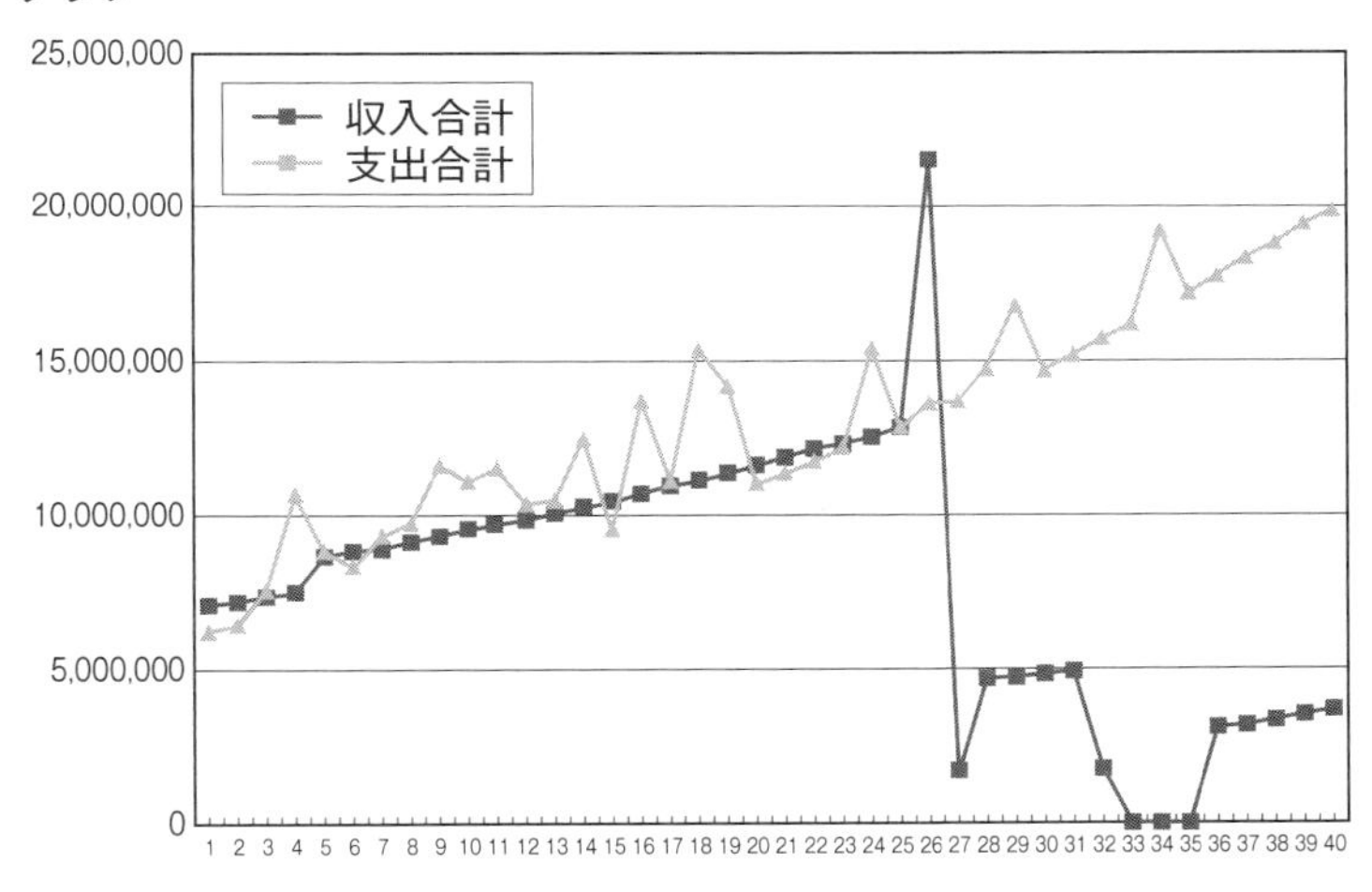

私の場合は、不動産投資で支えることにした。具体的な内容は後述するが、私の著書「お金に困らない人生設計」（朝日新書）に詳細を書かせていただいているので、参考にしていただければと思う。

勤労所得が高ければ、確かに働いている間は豊かな生活ができるかもしれないが、その収入が途絶えた段階で大きなリスクを抱えることになる。この人の場合、退職後に仕方なくアルバイトをしたり、奥さんがパートに行って働いたところで勤労所得に追いつかないから、結構、みじめな暮らしを余儀なくされる。むしろ高額所得者でなければ、こんな目に合わなくて済むのかもしれないのである。

高額所得者のほうが老後の計画が難しいと知るべきだ。

教訓その6 人のご機嫌を取る必要はない

学生時代とか社会に出た直後のころは、なんとなく人のご機嫌を取る癖がついてしまう。ご機嫌を取ることによって、結果的に、一番大切なものを奪われることもあることを知ってもらいたい。

世の中には、上下関係でもって、支配欲を考える人がいる。

たとえば、先にも書いたが、私は高校に進学したときに、小学校のころから始めていたこともあり、剣道部に入ることになった。その学校は新設校ということもあり、3年生はおらず2年生しかいなかった。われわれが入部したときには、はじめての後輩だったため先輩からさまざまな無茶なトレーニングを強要され、部活動が辛くなった。先輩たちは部室で漫画を読んでいたりするのに、われわれが1年生ということだけでマラソンやダッシュ、剣道の防具をつけたままうさぎ跳びをやらせる等のさまざまなしごきを受けた。当然、同じクラブなのだから2年生も一緒に練習するというのならわかるが、1年生だけがしごかれるというのはいかがなものかと考えていた。やがて、ある1年生の部員から辞めたいという相談を受けた。そもそも3年生がいない学校だったから、ここで1人でも辞めれば、ろくに試合にも出られなくなる。

そこで、私は部活動担当の先生を呼んで交渉し、2年生の中から3人、1年生の中から3人を選び、2年生対1年生の試合形式で勝負することを提案した。最初、2年生は驚いていたが、結果的に、その提案を受け入れ、後日、部活担当の先生が審判となって立ち会い、試合を行った。結局、3対0で1年生が勝ってしまった。その翌日から、残念なことに2年生は部活に出てこなくなり、緊急避難的に私が部長を務めることになってしまった。おかげで部員数が減ってしまったため、試合に出る回数も減り、2年生になるまでの間は、練習ばかり行うことになってしまったのである。

ただ、言えることは上級生の機嫌を取っていたところで、自分たちの環境は変わらないばかりか、ひょっとすると1年生全員が辞めてしまうことも考えられた。学生時代というのは、よくいじめ問題がクローズアップされるが、そもそも弱気で優柔不断な気持ちがなければいじめられることもないし、恐喝されたりすることもないし、万引きを強要されることもない。よく、いじめられる子どもが将来を悲観することがあるが、なにも心配することはない。社会に出れば社会のルールがあるわけで、子ども時代のいじめなど社会では通用しなくなり、それは犯罪となるから、いじめたほうは検挙される。もっとも、大人になっても会社のなかでそのようなことをするのがいたりする場合もある。それを断ち切るためには、実力で勝負するしかないのだ。

たとえば、私自身、学生時代に起業した仕事が、政府の方針転換によって続けることができなくなり、ある会社に就職をしたことがあった。

出勤日に、その店の責任者が朝礼でさまざまな話をした後に、自分の席に戻って漫画を読み始めた。そこで、その店長に事務所で漫画を読むのをやめてもらうように進言した。すると、その店長はいろいろと事情を話したり、正当性を語ったりしていたが、仕事場は仕事をするところである。

私は「事務所は仕事をするところで、漫画は昼飯のとき読めばいいのではないですか」と続け、それでも抵抗したので、最後に「いまから社長を呼びましょう。どちらの意見が正しいか聞いてもらいましょう」と言ったところ、店長はその日から事務所で漫画を読むのをやめた。その後、その店長からは、若干、いじめられることとなったが、周囲の社員たちは私のほうについてくれ、私がその会社を辞めることはなかった。その後は、その店長とも仲良くなったが、わざわざ店長の機嫌を取る必要はないと思っていた。なぜなら、会社は仕事をするところに間違いがないわけで、この部分は誰でも共感ができるはずだ。仕事には仕事でお返しをする実力をつけて、会社のために働く。そう考えれば、ダメな環境は自分から変えていくしかないのである。

また、ランチ等での主婦同士の集まりや、それらのコミュニティにおいて、仲間外れにされるのが嫌だからおつき合いをしているという人もいるが、そんな必要があるだろうか。

趣味が合わなければつき合っても疲れるし、むしろ、そのようなご機嫌取りが必要な環境であるならば、そもそもつき合わないほうがいいということもあるだろう。「ママ友」とよばれる人たちの間では、そのグループに嫌われると子どもがいじめられるということも聞くが、子どもはどこでいじめられるのか。学校であれば学校で解決できるし、公園等であれば、子どもたちの問題であって親は関係ないのではないか。

大切なのは、自分や家族のための時間だ。

ご機嫌を取るための時間から家族のための時間へと思考を変えるだけで、人生は大きく変わると思う。自分に投資をすることによって、実力がつけば自然と人がついてくるし、家族が仲良く過ごしていれば、うらやましく思えるだろうし、だいたい、ママ友などのうち、将来にわたって永くつき合える人というのは、本当の意味での友人だけだ。したがって、いちいちご機嫌を取る必要もないのである。

また、私も昔は親を見習ってお中元やお歳暮を送っていた。すると、相手方からも少なからずお返しがきた。最近では、さまざまな方々からお中元やお歳暮をいただくが、お返しはしない。すると、もう届かないのではないかと思ったが、相変わらずお中元やお歳暮が届く。顧客からも届くが、失礼ながらお礼で送り返すこともしていない。しかし、関係は悪化しないし、双方、面倒がなくて、かえって円満な関係が続いている。

しかしながら、親せき等との関係は面倒である。

冠婚葬祭等で、いろいろなことを強要してくることがある。当然、結婚式に呼ばれれば、祝いたい人だったら当然列席させていただくが、ふだん会ったこともない人から呼ばれれば、断る。すると、「隆行は偉くなったから親せきの行事などに顔も出さない」とはじまる。結局、父親が亡くなってからは田舎の親せきづき合いもなくなったが、かと言って、困ることもない。むしろ親せきから頼まれて土地を買ってやったりしていたが、いまでも塩漬け状態である。

世の中、そんなものである。などと書くと、いろいろ誤解があるかもしれないが、事実として、世の中はそんなものである。

だから、

ご機嫌伺いや意味のない体裁を整える必要はないのである。

教訓その7 できると思って行動する

私は、小さいころから母親に「人にできることは、お前にも必ずできる」と言われてきた。

確かに、勉強はやればできた。また小学生のころに、中学生が鉄棒で大車輪をやっていたのを見て試してみたら、見よう見まねで練習してできるようになった。

子どものころから「それはダメだ、これはダメだ」と言われていると、結局ダメな人になってしまう。「そんなこと、できるわけがない」というのも、人の成長を止める呪文だ。

そもそもダメな人はいなくて、できるかできないかだけなのであるから、できると思って行動させることが重要だ。

実は、私の義理の息子は元Jリーガーの鈴木将太である。再婚した妻の長男だ。

現在は、柔道整復師になって、神奈川県の三浦市三崎の商店街と金沢文庫の駅前でMFクラブというスポーツクラブと接骨院の経営をしている。

子どものころ、妻の親せきづき合いは度を越していて、毎週のように集まりがあったらしい。しかしながら、3人の男の子を育てる傍ら、経済的に裕福ではなかったため、いちいちつき合っていくのは経済的にも金銭的にも厳しくなってきた。将太にスポーツをやらせることにしたが、一番お金のかからないことが理由でサッカーとなった。毎週のようにサッカーの練習があったため、親せきづき合いもほどほどになり、サッカーの練習を理由に重要ではないイベントには参加しなくなっていった。すると、親せきから「あんた、サッカーの練習と親せきづき合いとどちらが大切なのよ」と言い寄られ、当然、サッカーの練習が大切だと答えたところ、「Jリーガーにでもするつもりなの?」と嫌みなことを言われたらしい。

また、経済的に裕福な家庭の子どももサッカーチームに参加していたらしく、チームの練習のほか、サッカー教室などに参加している子どもも多かったから、子どもの頃は、将太よりうまい子どもも多かったらしい。周囲の人たちからは、「あんたには無理」みたいなことを言われたらしいが、あきらめずに練習を続けた。

周囲の大人たちは、将太の夢を打ち砕き続けたが、彼はあきらめなかった。中学生の大会で、さまざまな高校のスカウトが見守るなか、当然、この子に決まっているというなかで、スカウトの目が将太に留まったようだった。確かにサッカーはうまくはなかった。ただ、将太は、足が速かった。

見事、スカウトされて名門の桐光学園に進学することとなり、青春時代をJリーガーとして過ごすことができた。

大人は、子どもの夢を簡単に摘んでしまう。

「あんたには、無理」

「できるわけないでしょ」

「そんなことする時間があったら、勉強しなさい」

すべて、なんの根拠もない言葉である。

私の子どものころは、母親が「やってみたら」とか、「他の人ができるなら、あんたにもできるんじゃない」という言葉を言い続けてくれた。

「あんたなら、できるよ」

「それ、やってみたら」

「本気でやりたいなら、応援するね」

たった数秒の言葉で、ほとんどの人の人生が変わるのである。

さて、話は変わるが、私は高校時代にアルバイトを繰り返し、なるべく早く社会に出たいと考えていたから、さまざまなことにチャレンジした。

そこで、社会には最初からできないと考えてなにも行動しない人が、いかに多いかに気づかされた。

もちろん、アルバイトで配属されるような部署は、社内でそれほど重要なポジションでないことはわかっていたが、残念なことに、そこで働く人たちのなかに尊敬できる人がほとんど存在しなかった。しかし、当時の私は早く社会人になりたいという意識があり、仕事は一生懸命に取り組むことにした。それで、私のさまざまな考え方を上司に伝えたうえで、受け入れられない場合は社長に直接話をするようにした。

たとえば、ガソリンスタンドでアルバイトをしていたときのことだ。

そこでは洗車というのは無料であり、ガソリンを入れてくれた客に洗車をサービスとして提供していた。しかし、その洗車をする行為というのは、結構、つらいもので、無料なのに苦情を言ってくる客までいた。給油が混雑しているのに、「早く窓を拭け」とか、「汚れが落ちていない」とか、「灰皿や車内のごみを捨てろ」とか、無料なのにさまざまなサービスを求められる。心の中では「お前がやればいいじゃん、タダなんだから」と言いたい気持ちを抑えて、忙しく働くことになる。そこで店長に「われわれが働いているわけだから、当然、有料にするべきだ」という話をした。ところが、その店長は「他の店が無料なのに、ここだけ有料にすれば顧客はどんどん離れていってしまう」と言って拒んできた。そこで社長に話したところ、「私もそう思う。結構な仕事だもんね」ということで、試しに洗車を有料化してみたが、そのことによって確かに離れていった客もいたが、法人客の場合は伝票で洗車をするので、それほど高くない有料洗車を理解してもらい、受け入れられた。すると、個人の客にも有料でも受け入れられるようになり、近所のガソリンスタンドもどんどん有料化を開始した。結果的に、現在では洗車は有料が普通になっている。当たり前のことだが、価値のあるサービスには多くのお金がかかるということは、誰でも知っている。そんな具合でアルバイトをしていたので、あらゆる仕事先から「高校を出たらうちにきてくれ」と誘われたが、それらは自分の将来を賭けるような仕事ではなかったため、辞退させていただいた。

できると思って行動すること。

すると、必ず将来が見えてくる。そして、周囲のくだらない偏見に耳を傾けないことだ。

教訓その8 仕事は役に立つかどうかが勝負

アルバイトを続けながら高校時代を過ごし、自動車好きが高じて、結局、陸送という仕事をしていた。陸送という仕事は、読んで字のごとく自動車等を自分で運転して移動する仕事だ。一番多いのは、輸出入の自動車の積載船が入港する際に、予定の埠頭に着かず、変更があったとき、積載する準備をしていた車を入港する船に合わせて移動する仕事だった。また、車を船に積み込む際にはちょっとした技術が必要なため、それらの仕事を請け負う人たちも必要だった。

私も最初はある企業に所属しながら、普通自動車を移動する仕事をしていた。ところがある日、大型車両や特殊車両を移動する仕事を見つけ、同時にこれらの仕事はなかなかハードルが高く、できる人が少ないことに気がついた。したがって請負金額が高かった。そこで、仕事のない日には私自身が試験場に通って大型免許や大型特殊、大型二種等の資格を取り、徐々にその仕事を請けるようになっていった。そして免許は試験場で直接取得していたため、免許取得についての必要な知識や技術も身についたので、自ら教材を作り、同僚やアルバイトの人たちにどんどん資格を取らせ、仕事も取れるようになった。

このときに気づいたのだが、評価とは面白いもの、ということである。

私が大型二種の免許を取得した途端、一気に仕事が増えたのである。一緒に仕事をしていた人たちは10年以上のキャリアがあり、運転もうまかった。しかし、私が若いうちに大型二種の免許を取得したら「こいつ、若いのに大型二種の免許を持っているんだぜ」という評判が立ち、二種免許を取得したことが10年以上のキャリアの人たちに勝っていると思われるようになったのである。ちなみに、大型二種免許というのは営業用の車を運転できる資格で、わかりやすく言うと、大型免許ではダンプカーとかトラック等の運転しかできないが、二種がつくとバス等の営業用の車両の運転もできるようになる。私自身は、その後、調子に乗って全部の免許を取得している。

運転免許の試験場に通う人たちは、辛そうな人が多い。何度も落ちて、苦痛を感じているのである。私の場合は、昼間に仕事がないときは、ほぼ試験場に行って免許取得のチャレンジをした。そのころ、サーフィン等もやっていたが、試験場のほうが楽しかった。確か、当時は３８００円出せば、午前中に学科の試験があり、午後には受験する車を貸してくれて乗車し、そこで合格点が出れば免許が与えられたのである。こんなに楽しい遊び場はなかった。ゲームセンター等でレーシングカーのゲームをいくらしてもレースに出られるわけではないが、試験場では安全な車と安全なコースまで貸してくれて、試験官の人件費も持ってくれて、たったの３８００円で１日楽しめるのだ。そして試験に受かれば、公道を堂々と走ることができるようになるし、そのスキルで仕事までできてしまうのである。ちなみに、牽引二種免許というのがある。これは最後に取得したのだが、そもそも日本にはトレーラーバスなどないのに免許はあるのだ。私の場合、もう取れる免許がなかったため遊び半分で取ったのだが、筑波で行われた万博の会場でトレーラーバスが運行されることになったという知らせが私の自宅に届き、６

か月間だけだったが破格な給料を提示されたことがある。もっとも、そのときにはその気がなかったので断ったのだが、それほど価値のある免許だった。

さて、その仕事を続けていくなかで、たまたま仕事の途中で待たされることがあり、通関の人たちがやり取りする書類の手続きが面倒で、その作業のために自分たちの仕事が遅れることがあることがわかった。そこで、そのときに請け負っていた会社の人に書き方を教わり、無償で手伝い、仕事を早く終えるようになった。すると、仕事もスムーズに運ぶようになり、大変重宝がられ、結果的に仕事が私のところに集中するようになったのである。

夜は夜学に通ってコンピューターを勉強し、昼間は陸送の仕事に専念していた。夜学の卒業後はコンピューターの世界には進まず、そのまま陸送の仕事を続けていた。そのとき、ようやく22歳を超えたころであったが、公務員の父親の年収を超えていた。

徐々に仕事も増え、アルバイトを雇いながら仕事をこなしていたところで、ココム規制（対共産圏輸出規制）が発令され、ほとんどの仕事がなくなってしまった。

当時、付加価値のある仕事はイランとかイラク、クエート等に大型車両を輸出する仕事だった。よくダムの工事で使う40トン以上のダンプカーとか、巨大な工作機械を船に積んで輸出していた。これらに先導車をつけて昼夜を問わず公道を走って陸送するのだから、普通の人はビビッてやりたがらない。そのために付加価値がつくのである。毎日のように稼ぎ続けていたのも束の間、この大型車両や大型重機等は兵器に転用できるという理由で輸出が禁止されて、仕事が一切なくなってしまったのである。

仕方がなく欧米向けの安い仕事を行っていたが、そもそも私の将来を考えたときに、この仕事を続けることが疑問となり、結果的に辞めることになった。

ここで思ったことがある。

別に、仕事を奪われたことに関しては、誰も恨むこともなかった。こんなに若いときに稼がせてもらっていた仕事が突然なくなったことは、

「この仕事はもうお前の天職ではない。取り上げられたものだ」

と解釈できた。むしろ清々した感じだった。

自分の意志とは関係なく、人生の方向性が変わることがある。これは、結果的に後で考えると良い方向に向かっていたと考えられることが多い。なにも悲観的に考える必要もない。与えられた仕事を精一杯こなし、評価されれば、必ず次につながるのである。

仕事は、人の役に立つ動きをすれば、なにをやっても、必ずうまくいくのである。

人の役に立つ行動をとることで環境は変わる。

第2章

ビジネスでは
できる人とつき合う

教訓その9

お金と交換できるのが価値

ちょっと時代をさかのぼる。

私が子どものころに住んでいたのは、下町の長屋であった。その長屋の一角に大家さんが住んでいて、よく母親と一緒に毎月家賃を支払いに行っていた。その際に、子どもながらに不思議な感じがしたことを覚えている。母親は家賃と称してお金を支払うのだが、相手方はなにかをくれることはない。たとえば、母親と買い物に行くときには、お金を払うとその代わりになにか物を持ち帰ることができた。八百屋で野菜を買えば、代金を払って買い物かごに野菜を入れて帰ってくる。しかし、家賃は払うだけで大家さんはなにもくれることはなかった。たまに私が目にしたことのないようなおやつをくれたことはあったが、それはもらって帰ってくるので、家賃の対価ではない。

母親に「どうしてお金を払ったのに、大家さんはなにもくれないのか」と尋ねたところ、「それは家賃といって、家に住んでいるために支払わなければならないお金だ」と答えた。その構図が子どものころは全くわからず、なんとなく理不尽な感じがしたが、それならば自分も将来は大家さんになろうと考えたのである。

下町の長屋に住んでいる人たちは、いつもお金に困っていて、味噌とか醤油とかを借りにきたり、また着ている服も普段着とよそ行きに分けられていて、普段着は継ぎはぎだらけのきたない服だった。しかし、その大家さんの家の子どもは、いつも小ぎれいな格好をしていて、家にはピアノもあったりして、なんとなく裕福に見えた。

そのことが、多分、私の潜在的意識に植えつけられて、不動産投資をするきっかけとなったのだろう。

人に家を貸して、稼ぐ商売。

また、人にお金を貸して稼ぐ商売もある。

最近では、過払い金請求で消費者金融の景気はあまり良くないようだが、一時

現金貯金を資産内の不動産に換え、収入を上げる

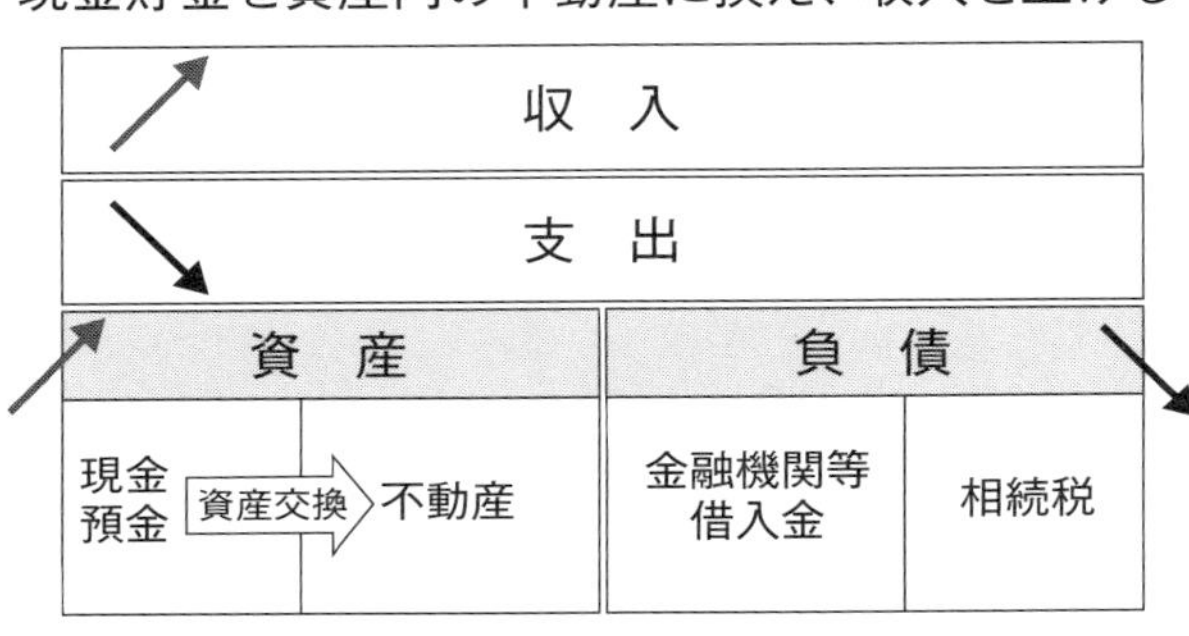

は大変儲かっていた。逆に、消費者金融で借りていた人たちは高利の返済に苦しみ、あるいは返済に耐え切れずに破産した人も多かったのも事実であるが、お金を貸して、お金をもらうという大胆な商売もあるのである。

また、リース関連業者等、ものを買って人に貸すことで利益を得ている業者もある。

よく考えてみると、大家さんというのは不動産を買って人に貸しているわけである。つまり、リース業者とあまり変わりがない。

よく消費と投資を理解しない人がいるが、消費と投資は全く違う。

たとえば、ものを買って食べてしまえば消費であるし、無価値なものをたくさん買っても消費である。

ところが、住宅や収益用の不動産を買うということは投資である。なぜなら、お金と不動産は貸借対照表上の資産であり、自己資金（お金）である資産を投下して不動産という資産を購入するというのは、資産のなかでは交換に過ぎず、消費ではないからだ。そこで、自分自身、投資と消費というものの区別をつけるようにした。

この理屈がわかったときに、私の人生が変わった。

子どものころの疑問が吹っ切れた。

それは、あるきっかけがあって、商売を辞めて不動産業に転職したことにある。理由は後に書くが、とある住宅販売会社に就職した。

私は若いとき、稼いだお金は、ほぼオートバイや車に変わっていた。それも価値が上昇するようなものではなく、価値に関係なく利用目的に応じて買っていた数多くのオートバイや車だった。就職して半年で住宅を買ったのだが、それまで買ってきた車やオートバイは、結局、投資ではなく消費であることに気がつき、すべて売却して車1台にした。すると、車やオートバイにかかっていた経費は削減されたが、所有台数を1台にしたことにより、レジャー等の行動範囲は格段に減った。しかし、不都合なこともあまりなかったし、むしろ、さらにそれらに付随する消費行動も減った。消費というのは、結果的に自己満足なだけであることがわかった。それからは、私は物を買うときには、なるべく投資に見合うようなものを買うようになった。

たとえば、いまだ妻に言われることがある。

クリスマスのプレゼントに指輪を買ってあげることになった。いろいろな店を歩き、妻が選んだ指輪は0・3カラット程度の無鑑定のもの。私が「4C、つまりカラーグレードはGより上で、クラリティーグレードはできればVVS2以上でカットはベリーグット以上、できれば0・5カラット以上のダイヤモンドのほうが価値があると思うよ」などと言って機嫌を損ねたことがある。

「別に、もらったものは売らないし！」

結局、プレゼントは私が選ぶことになり、妻が選んだものより価格は倍以上になってしまったが、どうせ買うなら価値があったほうが良いと考える思考回路が身についてしまっている。

価値は、お金といつでも交換できるもの。

おかげさまで、不動産を賃貸で貸すことにより、収入も上がるようになった。

もちろん、売ればお金に変えられるものばかりだ。

消費と投資は大きく異なる。

その判断で人生は大きく変わる。

教訓その10 未経験者の人の意見を聞くのはリスクだ

昔、自分で商売を始めて利益が出て、少しまとまったお金ができたことがあった。

夜は夜学に通って朝から仕事をしていたため、収入が上がっても使う場所がなかった。そのため、当然、お金は貯まっていった。そこで、たまたま横浜市内の、当時、あまり知られてなかったワンルームマンションが新築で売りに出ていて、そこを事務所として利用するために買おうとした。自宅に帰り、早速父親に話すと、父親は「そんなマンションなんて価値なんかないし、管理費とかいうお金も無駄だ」と言った。それならば、貯めたお金をどうしたらいいのか相談をしたら、どうせ不動産を買うなら、やはり土地を買っておいたほうが良いという結論になった。

たまたま翌日が休みだったので、土地を探すことになった。父親が栃木県の那須の出身で、前にも書いたが農家の長男であったために、なんとなく身内に対するプライドがあったのだろう。父親の出身地なら土地は安いということで、土地を買うために2人で車に乗り込み、栃木県の那須に出かけ、その日のうちに別荘地を買ってきた。

ご丁寧に私と父親が隣同士の土地を100坪ずつ買い、そこに別荘を建ててもいいし、値上がりしたら売却して老後に備えてもいい。そんな軽い発想で1区画417万円、父子で総額で834万円の投資だ。母親は、「いまさら栃木に別荘など建てても行かないし、そんなお金があるなら狭くなった自宅を買い替えたほうがいいし、家を建て替えることも考えればよかったのに」と怒っていた。

さて、時代が流れ、この土地をバブル経済の絶頂期に換金しようとしたが、残念ながら当時購入した417万円では売ることが不可能で、せいぜい200万円が上限だと判明した。さらに今では、ほとんど価値はない。しかし、そのときに私が買おうとしたワンルームマンションは、確か480万円から580万円ぐらいだったのだが、バブルのころには2800万円まで上がっていた。

よく考えてみれば、父親は公務員である。不動産は、長屋から引っ越したときに建売の戸建て住宅を買っただけだったし、原野商法にひっかかり、いまではどこにあるかわからない土地を買ったこともあった。つまり、不動産についての知識はなく、たまたま高度成長期に土地の価格が上がっていたということだけで、資産価値を見い出したのだが、結果的には未利用の別荘地など、売れるものでもないし、稼ぐものでもなかった。

それからは、なにかをするときには、実務に精通した人の意見を聞き、最後は自分で決断する癖をつけた。

とくに資産形成については、アドバイスを受ける相手方が重要である。そして、その人が本当に自ら資産を築いてきたのかを見極める必要がある。最近では、まやかしのコンサルタントも多く存在し、だまされる人たちも多い。命の次に大切な資産を、素人の意見で投資してはいけない。

よく雑誌などで投資の特集が行われていたり、最近ではファイナンシャルプランナーなどという仕事が社会的に認知されるようになってきた。私自身も、日本に導入されたころにライセンスは取得したが、彼らがすべてファイナンシャルリテラシーを持っているとはいえないし、本人がお金を持っているとも限らない。

世の中には、さまざまな商売をしている人たちがいるが、その人たちが成功しているとは限らない。また、経営コンサルタントなどという職業もあるのだが、経営をコンサルティングする人なのに会社経営をしたことがない人も多い。肩書だけで、本質的には未経験者という人が山ほどいる。私自身、嫌というほど経験してきたことだが、未経験者の言うことは信じないことだ。

いろんな会社をやっていると、いろいろな商売の案件を持ち込まれることが多いが、実際、その人が経験していない事案には乗らなくなった。おかげで、無駄な時間を過ごさなくなったし、恥をかくこともなくなった。そして、損することもなくなったのである。

本質を見極めるには専門家の意見を聞く。

常に専門家に聞ける環境を創り上げることだ。

教訓その11 なるべく経営者とつき合うこと

私はたまたま、学生時代にアルバイトの延長線で仕事をしてきた。先に書いたが、政府の方針によって仕事を失うことになった。その後、少し仕事に疲れていたので、こちらから仕事に出かけずに、顧客が来てくれる仕事のほうが楽ではないかと安易に考え、飲食店を経営しようともくろんだのである。

当時、新橋にあった喫茶店の専門学校があり、そこには1日おきに実務、1日おきに経営を教えてくれる講座があり、毎日行けば両方が学べ、半年で一人前になれると考えていた。当時、24歳のころで、結構、焦りもあった。講座を受けながら店舗を探していたところ、某駅前のビルが建築中で、その2階部分が賃貸で募集していて、ちょうど受講終了と同時に開店ができそうだった。早速、その物件を押さえるために手付金10万円を不動産業者に渡し、店舗設計の人に頼んで

40万円くらいかけて詳細を詰めていった。

ところが、である。

1階の店舗はコンビニエンスストアとか小さなスーパーマーケットが入ると聞いていたのに、なんとパチンコ店だった。その2階に喫茶店を開店しても、私の考えるような客層ではないと判断し、契約を取りやめることにした。

またもや、ところがである。

その不動産業者は手付金を返せないと言い出し、ひと悶着あった。結局、手付金の10万円は全額返ってきたのであるが、そこでひらめいた。

この人たちが相手なら、不動産業で勝てるかもしれない。

その手付金の返金してもらった足で、当時の職業安定所（現ハローワーク）に行き、不動産の賃貸や売買を一緒にやっているような、なるべく小さな会社を紹介してもらうことにした。というのは、大手の不動産会社だと、結果的に一部の仕事しかできないし、そもそも新卒でもない、未経験者で24歳の専門学校卒の自分が採用されるとも思わなかったからだ。

最初に問い合わせてもらった会社には「経験者しか採りません」ときっぱり言われて断られた。次に連絡したのが前職の会社。担当者が電話に出て、同じように「経験者しか採らない」と言われたらしく、私は慌てて職員から電話を代わってもらい「3年間は給料いりません。丁稚のつもりで働きます」と言い、最後には「小さいながら商売の経験はあるし、会社に迷惑もかけません。多分、面接しないと他に就職し、後悔すると思いますよ」とつけ加え、面接にこぎつけた。そこで、その会社に入社することになったのだが、入社時には全社員から私の入社を反対された。それは、私が正直に最初に「3年経ったら独立します。したがって、その間は勉強だと思って働きますので給料は1円もいりません。そして営業経験はあるので、多分、最初はいろいろとご迷惑になるかもしれませんが、少し覚えれば一切ご迷惑をかけることはなくなると思います」と挨拶したことで、ひんしゅくを買ってしまった。

にもかかわらず、その会社の社長に「そうはいっても、3年で辞めるとも限らないし、自信があるみたいだから、やらせてみればいいのではないか」ということで雇われることになった。そんなことで入社したので、結構、社長と話す機会も多く、提案も直接社長に言っていたため、話も早くまとまり、また周囲から潰されることもなかった。

これは、先ほどのご機嫌を取るという行為ではなく、お互いにビジネスを考えて会社を成長させるという前向きな考えからの行為で、社長も私も一緒の想いだった。

たとえば、当時、その会社では全4店舗がそれぞれ個別の広告を出していたが、「合同で広告を出したほうが個別で出すより総部数を少なくでき、コストも下がり、顧客から見た会社のイメージも変わるのではないか」と提案したところ、「ではやってください」と命じられ、私自身が営業をやりながら広告の担当になってしまった。入社して3か月も経たないうちにである。

また、広告に携わるうち、その会社のロゴマークがなんとなく変な感じだったので「刷新したほうがいい」と提案したところ、早速、コンサルタント会社から紹介された某デザイナー事務所で制作することになった。ところが、なんと見積額は1000万円。さすがにロゴマークだけで1000万円は厳しいということで、発案者の私がロゴマークを考えることになり制作した。

そのうち、社長が参加するさまざまな研究会や勉強会等にも同行させてもらい、一緒に食事をするようになった。私自身も食事をするのが好きなので、一緒に食事をしながらいろいろと仕事の話をしたりしていた。その際も、私はなるべく割り勘を心掛けていて、全部ごちそうになるということはしなかった。しかし、それでもたまにごちそうになるときはあったが、次の機会にはそのお返しを必ずしていた。

だいたい、経営者と社員が食事をする際には、社員はごちそうになるのが普通の感覚で、下手すると財布代わりに連れ歩く役員もいたりする。こうなると、なんとなく経営者はその人たちを敬遠するようになる。私自身、自分で小さいながらも経営者として経験を積んでいたので、その辺はわきまえてつき合うようにしていたから、結構、好かれていた。そうこうしているうちに、経営者の物事の考え方とか生活感とか、さまざまなことが勉強になった。たいがい経営者に暗い人はおらず、とくに中小零細の経営者の場合、かなりポジティブでないと事業も社員もけん引するのは難しい。

そんな関係で、経営者とのつき合いによりポジティブな考え方が身につくことになり、ネガティブな社員の話など聞く時間がもったいないという考え方になってくるのだ。また、仕事の上でも多くの経営者の人と話をする機会が得られ、彼らともよく食事に行ったりした。そんななかで、いろいろな会社から引き抜きにもあったが、私はすべてを断り、その会社を通じてお互いに利益の出るような仕組みづくりを提案したりしていた。もちろん、引き抜くつもりで食事に誘う経営者もいるのだが、結果的にそういう人たちとのつき合いは長続きしない。そもそも、私自身が会社員の時代に経営者感覚を持っていたので、いくら高額な給与を提示されたとしても、仕事自体が面白くなければ意味がなかった。ましてや、この業界に入るきっかけを作ってくれたその会社を辞めてまで、他の会社に行こうという気持ちも起こらなかった。

よく仕事がつまらないとか言う人がいるが、その仕事を選んだのは自分だし、会社は、その仕事を提供してくれる場なのである。つまらないという人は、自らがつまらなくしているだけである。

よく考えてもらいたいのは、

では面白くしてもらいたいと考えているのか、である。

誰が、面白くしてくれるの？

誰も、あなたを面白くしてくれない。そんなことを言っているのは、駄々っ子と一緒であることは誰でもわかる。

家庭もそうだし、社会もそうだし、学校もそうだ。

誰かに、あるいはなにかに期待して、なにかをしてもらおうと考えるのは、なにかを欲しがる駄々っ子と一緒の幼稚な発想なのである。

「自分で変えないと変わらない」という考えがないと、なにもうまくいかないのである。

社員だからといって、甘えてはいけない。

給料をもらっている以上、ビジネスマンで間違いはないから、会社にいるときはビジネスを中心とした物事の考え方が必要である。

したがって、そのビジネスの中心である経営者の考え方は重要であるから、できることなら経営者とつき合うべきなのだ。

おまけに決定が早い。

トップダウンで物事は決まるものである。

教訓その12 派閥に乗るな

人は複数になると、必ず派閥ができる。ただ、それが正しいとは限らない。

私がサラリーマン時代を過ごした会社であるが、そこでは勝手に派閥を作って会社をコントロールしようとする人たちがいた。

私自身はその会社で3部門の業務を任されており、さまざまな仕事をしていた。

ある日、別に仲も良くないある派閥の人たちに呼ばれ、食事に誘われたことがある。彼らは、その会社の社長の行動や言動、そして社長や奥さんの取っている給料について不満を持っていた。確かに彼らはその会社の中枢であったけれども、私自身は、さほど能力が高いとも思っていなかったから、彼らがその会社のリーダーシップをとったところで、あまり成長は望めないと考えていた。

そもそも、会社の経営者の給料と自分のもらっている給料の乖離を不満に思うような人間が中枢では、将来、決してうまくはいかない。

当時、私自身はその会社で方針や方向性を決めたり、また新規事業への取組みや新卒者獲得のためのリクルート活動も行っていた。彼らが謀反を起こしてその会社の代表者を降ろし、自分たちが経営しようとしても、自分たちだけではできないから、彼らにとって確実に私は必要な人材であった。多分、私を取り込むことによって、自分たちの劣っている能力をカバーしようとしたのだろう。

結局、そこでの会談が始まった途端、私は「全く興味がない」と言って席を立とうとした。すると、その連中は「この話は聞かなかったことにしてくれ」と頼んできた。

この話については結局、その会社を辞めるまで一度も口にしたことはなかったし、経営者に報告することもなかったが、その謀反の話が進まなかったばかりか、その連中のリーダー的存在は、そのときにいた人によって会社を辞めざるを得なくなり、他のメンバーは会社に残ったが、私が退職した後、結果的には干されてしまった。

仕事場においては、その中で成果を出していけば、自分の価値は自然と確立されるものである。そのときに私が感じたことは、その連中と一緒になって同じような行動をとっていたら、くだらない派閥によって自らも干されることになっただろうということだ。そもそも、私自身はその会社で重宝がられ、経営者とは仲良くしており、家族ぐるみで食事をする間柄でもあった。

私自身は、学生時代に起業したこともあり、経営者の気持ちというのは少なからず理解していた。会社の経営者というのは、会社に資金がなければ自らの財産を会社に提供しなければならない。そう考えると、経営者の給料等は、会社の決算上の利益を出して税金で納めるよりは、役員報酬でとっておいてもらったほうがいいのである。経営者の給料と従業員の給料では意味が違う。もちろん、上場会社の場合、その会社の資金繰りのために自分の給料や預貯金を会社に貸し付けたり、提供したりするといったことは行わないだろうが、中小企業、零細企業の創業経営者というのはそうはいかない。もちろん、会社の内部留保が潤沢にあるような会社であれば必要ないだろうが、中小零細の企業は、なにかあった場合にお金が必要になるときがある。そのときに、経営者の判断で会社の内部留保だろうが、自分のお金だろうが、所有する不動産の担保だとかが使われることになるのである。したがって、当時はその会社の経営者夫婦の給料など気にすることもなく、正直、私から見ればその連中の給料のほうが割高に思えた。

この手の話は、書き出したらきりがないほど経験してきた。

実際、当社においても馬鹿な奴を入れて苦労したことがある。

結局、彼らは退職して転職を繰り返していたり、自分で事業を起こして失敗したりしている。

そもそも人間は考え方でできている。

考え方がダメだと、結果として人生がダメになるのである。

会社も同じであり、経営者や社員の考え方で会社は変わっていくものなのである。

派閥をつくる考え方は、弱い人たちの考え方である。

実力が伴わないから派閥を作って、自分たちの考え方を押しつけてくるに過ぎない。

乗らないことだ。

目先の甘い話は将来の闇である。

教訓その13

所有と経営の分離

親というのは、子どもに財産を残すことを考えるものである。

そして企業の経営者は、子どもに事業の継承をさせようと考える。ただ、事業継承自体と、その子どもが事業を引き継げる能力があるかどうかは別問題である。多くの会社が倒産するなかで、よく見ればわかるが、経営能力のない者が会社を引き継ぐことによって倒産してしまうケースも非常に多い。

私自身、長く勤めた会社を辞めた理由というのは、その会社の経営者の子どもに経営能力がないうちに、その会社に入れて事業を継承させるという意見に対し、私なりの方針を考えていたために、信念は曲げることができなかったからだ。これは、会社の利益も考えたうえでの決断だった。

別に、私自身が、その会社を引き受けるつもりもなく、子どもに事業を継承させることに異論があったわけではない。ただ、当時は会社もかなり成長し、優秀な人材も増えてきていて、宅建の免許を持たない社員も少なくなり、社員数も130名を超えていた。できれば後継者には外で会社というものを知ったうえで、受け入れる体制を作ったほうが本人のためにも良いという進言をしたが、残念ながら受け入れられることはなく、こちらが身を引くことにした。なぜなら、私がその会社に残ることでさまざまな対立が起こることになり、世話になった経営者に迷惑がかかると考えたからだ。

現在、私自身は20社以上の起業に携わり、多くの会社経営を行っている。もちろん直接采配している会社もいまだ数多くある。しかし、自分の経験則上、子どもを優先に物事を考えることはしていない。むしろ子どもたちには、自由に自分の好きなやりたい仕事に就かせているし、そのサポートにおいても、経験則上のノウハウを提供しているから、結果的にはうまくいっている。

会社の所有というのは、持ち株ということである。

したがって、経営者の後継者は株の所有で実権を握ることができる。そのため資本の所有をもって事業継承させれば、自分がやりたいときにやろうと思えばできるし、別に、その事業をやりたい人がいれば、任せればそれで済むだけである。

ところが日本の中小、零細企業の社長は、そうは考えていない。

某経営コンサルタント会社のカリスマ社長は、かつて「自分の子どもを後継者に据えることを考えているようでは会社が成長しない」というようなことを言っていて、ある意味、尊敬して講演なども聞きに行ったりしたが、ある日突然、その人の息子が副社長になって驚いた。その会社の優秀なコンサルタントたちは、嫌気がさして退職していった。

また現在でも、私自身、経営コンサルティングを行うことがある。相談者の多くは「息子が働かなくて困っている、このままだと会社の継続が難しい」などと嘆いたりしている。最近ではM&Aも盛んだから、会社ごと売却してしまうということも一つの手だとも思うが、本人はそうは考えていない。あくまでもできの悪い子どもに会社を引き継がせようと考えるのである。

その際には、私の経験則上、別に子どもが事業を継承しなくたって株式の持分で所有することはできるし、役員に入って役員報酬を得て、現場は番頭さんに任せて口出しはしないという選択肢もあるという説明をしている。妙に馬鹿な子どもを会社に連れてこようものなら、馬鹿な子どもは勘違いして、経営者の子どもとして、どこかで聞きかじったような横柄な態度をとったりする。そうなると、事業継承どころか、会社は窮地に追い込まれ、元も子もなくなるはめになる。

そんなに難しく考えるより、所有と経営の分離を理解したほうが楽だといえる。人間、さまざまな能力があるのであって、その能力が発揮できない場所を無理やり提供したところでうまくいくはずはない。

子どもは、無理やり後継者に据えて失敗すれば親のせいにするし、従業員のせいにする。

所有と経営の分離、うまくあてはめたほうが良いのである。

後継者の能力を見極めるのも経営者の必要な能力なのだ。

教訓その14 貧乏人根性の人とはつき合わない

ビジネスでは、できる人とつき合うことだ。

仕事を通じてさまざまな人とのつき合いがあるが、なにかを成し遂げた人たちには、またなにかを成し遂げる可能性がある。残念だが、その逆の人たちも、かなり多い。

多くのビジネスを行ってきたが、「言うとおりにやったら、このような利益が出る」とか「これは必ずうまくいく」と自信を持って勧めてくる人がいるが、その人の過去をみていて、なにかを成し遂げていない人だったら、残念ながらビジネスでうまくいかないケースが多い。

社員も同様で、なにかをやらせてみてうまくいく人は、またなにかをやらせてもうまくいく。ところが、任せた仕事が満足にできない人というのは、なにかができないことを他の理由に転嫁し、できない理由を散々述べる。結果、他のことをやらせても、同じ「できない」結果しか出てこないものだ。

私は、子どものころからアルバイトを通じてさまざまな人をみてきたが、ほとんどの人たちはやらないままあきらめる人たちである。過去においてなにかを成し遂げない人は、途中でやめるか、やる前からやらないか、とにかくいろいろな理由をつけてやらない。それは、その人の経験則上、できなかった経験が積み重なっているため、行動に移すことができなくなるのである。実際、世の中にはやって失敗するよりも、やらないほうがいいという思考回路の人が、あまりにも多いことに気づく。

まずはやってみて、そして考える

というような発想がないため、毎日を、ただ漠然と過ごすだけの人生になっている。そのような人に限って「将来こんなことがしたい。あんなことがしたい」と語る。

いまできないのに、将来できるはずがない。

私は多くの事業を立ち上げて失敗したことがない。

そう言うと、誰もが「そんなはずはないだろう」と言うのであるが、失敗というのはそれを認めることで失敗となり、認めずに、あきらめずに続けていれば失敗に到達しない。事業というのは、時代の流れによって変化するものである。したがって、走り出したら日々変化するものであり、やっていることがうまくいかなくなれば、どんどん新しい手を打ち、成功するまで続ければよいのである。

当社に10年勤めた者がいた。

彼が言うには、前職の会社では、私が多くの著書を出しているから成功している、などということで、社長から誰か本を書いてくれと言われて、1冊相当分の原稿を書かされた。ところが、そんな本、どこの出版社も受けつけてくれず、自費出版で出そうとすると500万円もかかるということで出版の話がとん挫し、私のところに相談にきたのである。

私自身も執筆していて、執筆する行為の大変さを知っていたから、さまざまな出版社に打診してあげたが、やはり無名の住宅販売会社の社員の書いた本など、引き受けてはくれなかった。そこで彼は当社へ移籍すれば、その書籍が世に出るものと考えて転職してきた。

入社当時から年齢は高かったため「肩書が欲しい」というので、「自分で考えれば」と言ったら、マネージャー職の肩書をつけてきた。その肩書を書くと、1人しかいないから本人が確定されるので書かないが、当時、私自身、肩書にこだわることはなかったから、そのままにして、給料も高かったため本当にマネージャーとしての職務を遂行してもらえるよう期待していた。ところが、やたらと社員に口うるさく言うだけで嫌われてしまい、最終的に孤立してしまったので、グループ会社の社長にさせて、社内のバランスを保ったのである。ところが、このグループ会社で4500万円くらいの資金が必要になり、融資の申し込みに社長の連帯保証人の印鑑が必要となるや、その印鑑の捺印を拒んだ。当然、彼の単独ではなく、私も連帯保証人になっているにもかかわらずに、である。これでは会社を任せるわけにもいかず、結局、その会社の社長を解任し、新規事業を任せることにした。

ところが、ところが、である。

1年目に成果はゼロ、2年目も成果がゼロ。そこで幹部会議で3年目の方針を求めたところ、「こんなの、最初からできるとは思っていなかった」と発言して退職していった。

なんでもそうだが、まずはやってみて、結果を出す癖がつかないと、なにもうまくいかない。小さなことでも、まずは結果を出す癖をつけることである。

逆に言えば、その癖がつけば、必ずうまくいくのである。

子どものころから、さまざまなことが身の回りで起きてきたが、それは、その都度解決する能力を身につける試練でもあったのである。

世の中、その人が越えられないものは、試練として与えられない。

しかし、乗り越えられないものとはまた違う形で、似たような種類の波のように、どんどん別な試練がやってくるのである。それを乗り越えないでいると、決して波の向こう側に出ることはできない。波の向こう側に出れば試練からは解放されるのに、小さな波を越えられない人は、波の向こう側にある平穏な状態を知らない。

サーフィンをやっていないとわからないかもしれないが、テレビなどでは波に乗っている画像が流されるが、実は波に乗る前にパドリングといってボードに腹ばいになって手で漕ぎながら海に向かい、さらに波がくれば、その波を超えるためにスルーして沖に向かう。小さい波ならプッシュスルーといって波をボードの上を通して超えられるが、だんだん大きくなってくると波をくぐる技術が必要になる。ドルフィンスルーとか高度な技術を身につけないと、沖には出られない。

実は、波にはブレイクポイントという壊れ始めるポイントがある。ここが一番波のパワーがあり、サーフィンはここの波に乗るわけだが、台風でもない限り、どんなに大きな波であっても、その向こう側に広がっているのは穏やかな海なのである。

だから大きな波に乗るには、その前に波の裏側に行かなければならない。

そのためには、相応なスキルが必要であるが、これに成功したときはその人にしかわからない景色と、穏やかな気分が待っているのである。

だいたい、普通の人はこの景色を知らないからあきらめてしまう。

なんとなく、人生というものはそういうものである。


貧乏人根性の人は、スキルもないのに出し惜しみして、時間の浪費をするだけで成果は出せない。

逆に成功する人は、まずやってみて、スキルを存分に発揮して、足りなければさらに磨きをかけて成功するまで続けるので成功するのである。

失敗を認めない、あきらめない、
方向性を変えても成功するまで続けることだ。

第3章

若いときの時間は人間力を高めるために使う

教訓その

15 努力した結果は必ず報われる

成功する人と失敗する人の違いは、人が成功していることについて賞賛するかねたむのかの違いである。

周囲で成功する人がいると、その人に対し心のどこかでねたんでいる人もいる。会社でも、昇進や昇格祝いのイベントを行うことがあり、私もサラリーマン時代にはこういった場に行くことがあった。私自身はその人たちを賞賛し、同時に自らもその人に追いつこうとかと考えるわけだが、そのイベントの2次会では、イベントでその人を祝っていた人たちが一転して不満を漏らしたりしている。しかしながら、この評価というのは会社が決めたことであって、その不満を述べている人たちが決めるものではないし、不満を言ったところで、なにも変わるものでもないのに、である。

結局、そういう人たちというのは、昇進や昇格もしない。そして辞めていくパターンである。そもそも、そういう人は、その人の思考回路が自分自身を決めてしまうという理屈がわからないのである。

不満を口にする人というのは、自己嫌悪から発するものである。

不満があるなら自分で解決しなければいけないのに、人に言うからもっと自己嫌悪に陥るし、自分自身が孤立することになってしまう。私も、多くの不満を聞く機会があったが、聞いたところでなにも解決にならないし、こちらからいろいろ提案したところで、本人自らが動かなければ改善できないことばかりで、かつ、言ったところで、さらに不満を募らせたりするから、いちいち馬鹿馬鹿しい。

「なんで俺じゃなくて、アイツなんだよ」と言ったって、「俺」じゃないことは発表されているから仕方がない。こんな人に「次に頑張ればいいじゃん」と言ったところで、「俺」じゃなかった理由は、そもそも「アイツ」より劣っていたのだから仕方がなく、頑張れと言ったところで、次から次に頑張る人が出てくるから、かような人に日が当たるわけでもない。

なんとなく面倒くさい人になって、みんなが離れていってしまうだけなのである。

したがって、不満など口に出すほうが損だし、口に出したところで、自分が変わらなければなにも変わらないと知るべきだ。

「お前になんか、俺の気持ちがわかるわけがない」

昔、よくそう言われたことがあった。

ほとんど飲んでいる席での話だが、こうなると面倒くさい。だいたい、他人の気持ちなどわかるはずもないのに「あなたの気持ちはよくわかる」などと偽善的に慰める奴がいるから、かような奴は調子に乗るのである。そもそも「あなたの気持ち」ってなんだ。悔しいとかいう、誰かに対してねたむ気持ちなのだからわかる必要もないのだ。

普通は、

努力した結果は報われるものである。

たとえば、われわれの業界では宅地建物取引士という資格がある。この資格試験は1年に1度しかない。当社では全員に取らせているが、世の中の不動産業者のなかには持っていない人も多い。それは5人に1人いればいいというルールのもとに、社員には積極的にとらせないという不動産業界の風潮が残っているからだ。

ま、それはさておき、この試験、最近は少し難しくなってきているから、落ちる人は結構いる。

私が受験したときには、この不動産業界に入ったばかりのころで、契約前に行う重要事項の説明もできず、契約書の作成もできなくて屈辱を感じていたので、一発で合格するつもりだった。そのために、当時、水曜日しか休みのない会社だったから、毎週、その休みの日は県立図書館の自習室に通い、勉強することにした。自宅だとなんだかんだと言い訳をしてテレビを見たり、他のことが気になれば、そちらを優先したりしてしまうからである。これは高校生時代、ガソリンスタンドでアルバイトをしていた際、乙種４類の危険物取扱主任者という資格があり、たまたま化学が得意だった私は、学校の勉強よりもこちらのほうが好きになり、乙種４類だけでなく、１類から５類まで取得した。あと６類を取れば甲種と同じ資格となるので、将来の楽しみに６類は受けずに今日に至っている。この勉強のときもそうだったが、勉強など、自分の能力に合わせた時間配分ができれば、だいたいは覚えることばかりだから、合格点に達することができることを知っていた。したがって、時間配分を決めて、周囲が勉強している自習室に行くことで他の欲求を抑え、勉強のできる環境に身を置いたのである。もちろん休日なので５時以降は自由な時間として、図書館帰りには遊びに行ったりもした。

結局、その年に社内でトップの成績で合格した。

その際、私の上司は数人落ち、受からなかった理由を言ってはごまかしていたが、結局、その会社にいる間にこの資格を取ることはできなかった。

すごく単純な話だが、努力した結果は報われるようにできている。

ついでに言わせてもらえば、

あとちょっとの努力を怠って報われない人もいる。

もう間もなく成果が出るというのに、あきらめてしまう人。ようやく芽が出始めたころに自らその芽を摘んでしまう人たちである。ようやく会社にも慣れ、仕事にも成果が出そうというときに、この仕事は向いていないと辞めてしまう人だ。どうせ辞めてしまうのだったら、本当に向いていないかどうか、成果を出してから辞めたほうがいいのに、成果も出ないまま辞めてしまうから、次の仕事でも成果が出せず、転々と職を変えていく。

先の宅地建物取引士の資格試験が受からないまま転職していった人たちも、結局、次の職場でも資格試験は受かっていない。

先に書いたサーフィンの話と一緒である。

努力した結果は報われる。努力しなければ報われない。

せっかく努力したのに途中であきらめれば、報われない結果になるのである。

教訓その16 想いは実現する

それは良いことであっても、悪いことであっても同じだ。

積極的に良い想いを抱いていると、必ずその想いは実現するのだが、逆に悪い想いをもっていたら、それが具現化して悪いことが起きる。

だから、

常に頭の中では積極的で良い想いを抱くことが重要だ。

「今日、嫌なことが起きたから、明日も嫌なことが起きる、明後日も嫌なことが起きる、将来ずっと嫌なことが起きる」と消極的な展望を持って生きている人も結構いるのだが、それでは決して楽しい生き方はできない。

今日辛いことがあったとしても、将来は、その辛かったことが、実は良い方向に向かった原因であることは多い。意外に、この理屈を知らない人がいる。

先にも書いたが、私自身は、昔、陸送の仕事をしていた。その仕事で、そこそこうまくいっていたのに、ある日突然、ココム規制で仕事ができなくなった。確かに辛いことではあったが、それがなければいまはないのである。また、3年経ったら辞めると言い切った会社に14年もいて、ようやく日本一の会社を目指そうと考えたところで、退職せざるを得なくなった。

いかがだろう。

多分、通常の人だったら自己嫌悪に陥って、挫折したかもしれないが、結局、気持ちを切り替えて新たなチャレンジをしてきたことで、いまがあるのである。

また、ついでにお伝えするが、よく「良いこともあれば、悪いこともある」ということを、「良いことがあったから、きっと悪いことがある」と勘違いする人がいる。もちろん「悪いことがあったから、そのうちに良いこともあるだろう」だったら良いのであるが、ここにはなんら因果関係がないと知るべきだ。

単純に、

人生には「良いこと」と「悪いこと」が織り交ぜて訪れる

のであるが、あまりに因果関係を考えて、そのうち悪いことが起きるのではないかと考える必要はない。

だから、

いっぱい良いことを積み上げて、
悪いことなど微少な範囲にしてしまえばいい

のである。

私自身、子どものころに「大家さんになりたい」と思ったことでなっているし、また、家のそばには海があり、そこにはちょっとしたクルーザーが停泊していて、たまに友だちと近寄って行ってはお菓子をもらったりしていた。その人たちは、実際、なにをしている人なのかは知らなかったが、子ども心に大きくなったら船を持ちたいと思ったことも、現在は「翔鴎(かもめとぶ)号」という日本造船史上、一番大きな日本製のヨットを持っている。

また、仕事のない日には小説などを書いたりしていて、将来、物書きで暮らせればいいなと思っていたところで、形は違うが著書を何冊も出させていただいている。だんだん実用書と離れてきているから、実現するかもしれないと本気で考えたりもしている。

実家から独立して家を持ちたいと思ってマンションを買い、将来、一戸建てに住みたいと思っていたら住めるようになったし、自分の思った設計の住宅に住みたいと思ったら住めるようになった。会社を成長させて日本一の不動産コンサルタント会社を目指してきたから、いまがあるのである。

最初から「別に住まいは賃貸でいいや」とか、「会社なんて自分の給料が安定すればいいや」とか思っていれば、たぶん、そのようになるのである。ただ、「楽して暮らせればいいや」というのは実現しない。

「よしっ!　今度はこんなことやってみようぜ!」という掛け声があるから働く人たちも、「よし、やってやろうぜ!」という姿勢になり、会社は成長するものである。「とりあえず自分たちがいる間は会社がつぶれなければいい」とか、「この会社つぶれたら困るな」とか思っていると、本当に会社はつぶれてみんなが痛い目に合うのである。

常に前を向いて、夢を追いかける。

すると、ちゃんと想いは実現するのである。

家庭でも、親が夢を語って仕事に取り組んでいれば、子どもも親を尊敬するし、家庭内もうまくいくものである。会社も社長やマネージャーが夢を語って仕事に取り組むから、社員もついてくるのである。

幸福の連鎖は、夢でできている。

夢に向かって行動するのと、無目的で行動するのでは、当然だがプロセスも結果も違ってくるのである。

想いは、実現する。良い想いも、悪い想いも同様に実現するものである。

であれば、夢に向かって大きな想いを持ったほうが楽しい生き方なのである。

積極的に良い想いをもち続けることだ。

教訓その17 命は生きている時間、大切に

よくニュース番組を見て将来を悲観する人たちがいる。

私の経験では、そういった人たちは貧困な人のニュースに詳しい。確かに、世の中の動きに対してはアンテナを張っておいたほうが良いのであるが、実は、ニュースの裏側には、国民をある一定方向に誘導する仕組みや意図が隠されているということを知るべきだ。このことを考えれば、ニュースを鵜呑みにして悲観的に物事を考えるのは間違いであるということがわかる。

最近のテレビの報道番組を見ることもあるのだが、なんとなくどうでもいいことをニュースとして取り上げているように思う。最近では、報道番組の中で、ネットの動画サイトも取り上げているのであまり見る気もしない。

「○○さんと、○○さんが離婚をしました」といって、なんだか離婚したことが

悪いみたいに報道し、双方の意見をインタビューし、さらに意見を言う人がさまざまな背景を解説する。

そんなの、どうでもよくないですか。

それらの番組を延々と流し続けるテレビ局もテレビ局だが、それを見続ける者もいて、「○○さんと、○○さんって、離婚したの知ってる?」「え、そうなの」と、またもや延々と話題になり、会社の休み時間や就業時間にも話題になったりする。

そんなの、どうでもよくないですか。

だいたい、そんなやり取りのなか、重要な法案などが可決されたりする。

世の中には、どうでもいいことに時間を費やす人が多い。しかし成功している人は、時間に対する価値を見い出し、自分の使える時間を増やしたいと考えるのである。

人間は命が大事だと考える人は多いが、では、なぜ命が大事かということになれば、命とは生きる時間なのである。

だんだん年をとってくると、健康に気を遣うようになる。これは、残りの使える時間を少しでも長くしようと考えるからだ。健康に気遣えば、結果的には生存期間を伸ばすことになる。

生存期間とは、極論からいえば時間だ。

私もそうだが、若いときに時間を無駄にしておきながら、年を取って時間を惜しむ人がいる。若いころには、人生は太く短く生きるなどと言った奴がいて、なんとなくかっこよく聞こえるから、「俺は50歳くらいまで生きられれば十分だ」などと言ったりする。そのくせ、ちっとも太くない人生を送り続け、後になって後悔するものだ。

それは、逆なのである。

若いときの時間は、年を取ったときの価値につながるのだから、時間を大切にすることは重要だ。若い時分に競馬、競輪やパチンコ等のギャンブルにかける時間は無駄である。最近では、ゲームに無駄なお金と時間を費やす人が多い。

実は、私も学生時代にインベーダーゲームというのにハマったことがある。

昔はゲームセンターもなく、喫茶店のテーブルがゲーム機になっていて、100円を入れるとゲームが楽しめるようになっていた。学生時代は夜学の学校に通っていたため、昼間、仕事がないときはサーフィンに行ったり、さらに暇なときには喫茶店に行き、コーヒーを飲みながらインベーダーゲームを楽しんだ。

しばらく経ってから、「このゲーム機はいくらぐらいするのだろう?」となんとなく考えるようになり、その後、当時の価格で確か60万円くらいだったと思うが、それなら飲みたくもないコーヒーを飲んで喫茶店にお金を落とすくらいなら買ったほうが得ではないかと考え、その機械を買ってきて、自宅でやるようになった。すると、朝から友だちがゲームをやるために家に来るようになり、ときには私がいなくても勝手に家に入り込み、ゲームをしていた。これが結構、儲かった。しかし、友だち相手に儲けるというのもどうかと考え、だんだん馬鹿馬鹿しく感じるようになり、その機械を売ってしまった。

そのときに、お金をかけて時間を無駄にすることは、本当に馬鹿なことだと思った。

であれば、お金をもらって有効な時間を使える仕事はないかと考え、小説家を目指すことになった。国語（5段階評価で）は2以上取ったことがないのに、である。

結果的に、原稿を書く行為というのは、書いた人にしかわからないくらい大変なものであって、売れっ子の小説家というのは、相当な忍耐力が必要だということが、やってみてわかった。その後、別に売れるわけでもなく、コピーライターのコンクールで入賞したくらいで書くのをやめてしまったが、書く仕事について違和感を感じなくなった。

いまでは、私もかなりの数の出版物を出しているが、それは若いときに「書く」ということに対して、少しだけ訓練されていたからだ。

私は平成5（1993）年にはじめて業界のマニュアルを作成し、出版したことがある。

当時、35歳のころである。たまたま30歳のころからプロパティ・マネジメント業務（不動産を管理する業務）に力を入れ、そこそこ評価をされていたことから、北九州で講演の依頼があった。

当時は、現在のような業態ではなく、賃貸管理業務は賃貸仲介会社の延長線上のようなカテゴリーだった。とくに私の場合、相続対策や土地有効活用なども手掛けていて、ちょっと調子に乗っていたところへの講演依頼である。

その講演はシンポジウム形式だったので、忙しいなか3日間も拘束され、仕事は電話連絡でしかできなかった。そのストレスが積もりに積もって、講演ではいろいろな事例を早口で発表したのだが、そのなかで「いまの不動産会社は馬鹿ばかり」と口を滑らせ、なんと聴講者の3分の1が怒って帰ってしまった。「しまった！」と思ったが、もうこれで呼ばれることもないだろうと清々していたら、その私の講演を聞いていた方が、「実に面白かった」と言ってくれ、その後、東京で講演を頼まれ、同じ内容の講演を東京で行った。そこにいた出版社の方が、

「実に面白かった！」と言ってくれ、再度、丸一日の講演依頼を受けて出版の話が持ち上がった。そのときに、私が即時に、その出版の仕事を受け入れたことで、このマニュアルの出版の話がまとまったのである。

当時、業界の中で私自身の知名度はそこそこ上がり、日本全国で講演を依頼されていた。講演というのは、来場者に対して影響を与えるものであるが、一方で、出版の場合は時間とは関係なく読んでくれる人がいれば、私の意思が伝えられる。そう考えると、お金をもらって広範囲に有効に時間をかけることができる行為である。

また、出版の場合は、著書が売れれば印税が入る。当時、講演料は会社に入るが、印税は個人に入ることになっていた。このマニュアルの場合は、納品時点で全額の印税が入る契約になっていたので、休みの日には必死になって原稿を書き、同じ出版社から3冊が出版され、そのマニュアルが不動産業界の協会で活用されたことで、日本全国で、講演もさらに増えた。

その後、賃貸トラブル関係の著書の執筆を頼まれ、平成10（1998）年には

「賃貸トラブル110番」（にじゅういち出版）という書籍を出版させていただき、これが全国の書店で発売されるや、テレビ出演の依頼も舞い込んできた。有名なところでは、北野武さんが司会をしていた「ここが変だよ日本人」という番組に2度ほど出させていただいたし、堂本光一君が司会をしていた「ジェネレーションジャングル」という番組にも3度出させていただき、「ワールドビジネスサテライト」等にも呼んでもらった。すると、本も売れたし、講演料も跳ね上がり、いいことずくめだった。

これは、若いときに少しだけ原稿を書く時間を作って訓練していたため、執筆依頼があったときに即座に引き受けることができたことによるものである。たとえば、原稿を書けなかったり、「いやいや、まだそんな出版なんてできませんよ」などと謙遜していたら、いまのようになっていなかったと思う。

浪費した時間は無駄だが、投資した時間は無駄にならない。

時間は、お金よりも大切な投資資本であり、その投資によってお金も生まれてくるのである。

またチャンスは、瞬間につかまないと逃げて行ってしまう。

チャンスをつかめるのは、つかめる準備ができている人だけである。

命は生きている時間である。そして人生を創り上げるのも時間である。

時間を有効に投資することで、人生は大きく変わるものである。

お金を投資する、時間も投資する、浪費してはいけない。

教訓その18 お金は取り戻すことができるが、時間は取り戻すことができない

だいたい若い人は、時間という概念について無頓着である。しかし年を取って残りの人生が短くなってくると、時間の大切さがわかってきて、後々、取り返しがつかないという後悔の念に駆られる人が多い。

お金の無駄遣いについてはたいがいの人は理解できるが、時間の無駄遣いに関しては、理解の足りない人が多いようである。

たとえば、私の場合は若いころにコンピューターのプログラムの中の計算手法でディスカウントキャッシュフローの概念を学び、たまたま職業柄、不動産というものについて興味を見いだし、キャッシュフローとバランスシートの関係を理解しだしたのが比較的早かったから良かった。

世の中の人は、意外にその辺について気がつかないままに過ごしてしまうから、

いよいよ住宅を買うとか、不動産投資用の物件を購入しようかというときに、既に一定の年齢に達してしまっていて、残り時間が少なくなり、計画が難しくなってしまうことがよくあるのである。

わかりやすく言うと、たとえば30歳で住宅ローンを組むと、30年返済であれば60歳でローンの完済ができ、その後、ローンの返済がなくなるが、50歳で住宅を買うとすれば、30年返済では、80歳までローンを支払わなければならなくなる。50歳で住宅を買ってから60歳までの10年間でローンの返済をしようと思うと、相当な自己資金を入れるか、高額な返済をしないと完済ができなかったりする。

子どものころや学生時代には親から学ぶ機会が与えられ、買い物をするときにはお金も親から与えられるために、本来、勉強するべきフィナンシャル・リテラシーについての価値をあまり見いだせない人がいる。

私の場合は、学校に行っていたときにも社会に出て学ぼうと考えてしまったため、アルバイトをしながら、時間の切り売りをして時間を無駄にしてしまった。もっとも、そのことが無駄になったとは限らないが、早くからなんらかの方向性を決めて行動していれば、その時間の投資はなにか違う形になったのかもしれない。

若いころに、時間というものの概念が投資であると考える感性を持っていれば、もっと効率良くなにかができたのではないかと、いまは考えている。

たとえば、マイクロソフトやアップルの創業者のように、若いときにコンピューターのシステム開発という道が開かれたことで、とてつもない成功を収めた人たちがいるが、彼らは自らの時間を学校で学ぶことより、早くからコンピューターのソフト開発などに費やしたことが結果として表れているのである。

日本では、中学校までは義務教育で最低限必要なことを教科書から学ぶということ自体が、ひょっとすると無駄な時間を過ごしているのではないかとも、いまさらながら思っている。海外では、学生時代に社会貢献をするとか社会経験を積むことが評価されるシステムが構築されている。しかしながら、日本の場合は高校生でもアルバイトが禁止だし、そもそも稼ぐという能力を身につける教育ができていないのだから、当然だが、稼げる人を育てられない。したがって、日本は学校を卒業して就職活動をし、就職した会社内においては経済活動のことがわからなくても生きていけると錯覚してしまう人が多すぎるのである。

先にも書いたが、現在当社ＣＦネッツでは、高校を卒業した人を対象にインターンシップというのを行っている。２年間、インターンシップとして働かせ、不動産の管理や賃貸等の不動産実務を経験させている。この間、不動産業に必要な宅地建物取引士の免許を取得させたりして、ある一定の成果を出したときには、当社に入社させ、大学の新卒と同じ給料を支払っている。なぜなら、４年間大学で学ぶことも大切かもしれないが、われわれの業界においては、若い時分に仕事を覚えてもらって必要な資格も取ってもらったほうがいいと考えるからだ。

大学での４年間、なんら方向性を見出せず、行き先も決まらず、学ぼうとした専攻でもないものを学びながら外でアルバイトをして生活している人に比べれば、高校を出た段階で、不動産業界なら不動産業界へと方向性を決めてもらった人の方が、受ける教育の違いもあるし、確実に優秀な人材に育つことができると考えている。

この大学時代の4年間というのは、実はすごく大切な時期だと考えていて、私自身もちょうどその時期にさまざまなことを学び、いまやっていることに結果として役立っていると考えている。もちろん、人は生きていれば無駄なことも出てくるが、それを極力抑え、より効率良く人生を歩むことを望むならば、若いうちに行き先を見つけて、そこでの仕事を磨きあげたほうが得なのである。

当社では、「六本木遊ヶ崎」や「三崎港蔵」という日本料理の飲食店業も展開しているが、そこの板前は中卒、高卒の人が多い。

中学を出てから技術を学び、20代のときから一人前の人生を送れるとすれば、板前として稼げる時間が長く維持できるということなのである。

私もあまり人に言えることではないが、転職するというのは、実は大きなリスクである。

違う職場でまた一からやり直すとすれば、時間とお金、労力がかかってしまう。このことから、なるべく転職をしなくても済むように、最初から業界や職種を知ったうえで、本当に就くべき仕事を絞ってから就職を考えたほうがいいと思う。

ただ単に今の会社が嫌だからといって簡単に転職する人がいるが、転職により、これまで仕事を覚えるのに費やしてきた時間が無駄となり、また新たな時間を作らなければならなくなる。したがって、そこそこ年齢がいってから転職を考えるのは、リスクが高まることになる。

よく言われる言葉かもしれないが、就職というのは職に就くのであって就社ではない。

職業を選択して、その職業に合った会社に就職する。会社に就職することが目的で、その後のことをあまり考えないで人生を送る人というのはやはり、後々失敗することが多い。

やはり、若いときから時間というものを一つの尺度に入れ、人生の貴重な時間をどこに投資するかを考えることは、有意義なことだと思う。

たとえば、プロ野球の選手やJリーガーなどは、子どものころの作文に将来の夢を言い当てている。オリンピック選手もそうである。小さいころに描いた夢を追い続けることで、実際に成功している。

そう考えると、やはり早い段階で将来設計を考えて行動することが重要なのだ。

お金は取り戻すことができるが、時間は取り戻すことはできない。

お金より時間の浪費のほうがはるかに損失につながるのである。

時間を大切にすることだ。

教訓その19 なるべく機械や人を使うこと

私の場合は、さほど豊富な知識を持っているわけではない。

しかし、会社経営をするなかで、いろんな人とのコミュニケーションを取っており、知らないことなどがあれば、すぐさま聞ける立場にある。仮に、日々変わる税金や法律等については、専門家、専門職ではないので、そのすべてを覚えることは不可能だ。税金、法律等の変化を見逃す可能性が高いのであれば、専門的な知識を持った人を雇ってプロジェクトを立ち上げればいいのである。

また機械もどんどん進化をしており、さらに研究することによって、さまざまなシステムを構築できる。これは無駄な労力を省くことにもつながる。とくに、現在のようなインターネットの環境下においては、わざわざ自分で覚えているよりも、その場で調べたほうが便利な場合がある。

人間の時間は有限であり、その時間をどのように効率よく使うかということを考えると、やはり人に手伝ってもらったり機械を使ったりするほうが有益となるのである。コツコツと一つ一つ、自分自身が学ぼうとするとそれは難しいことである。

もちろん、知識の取得というのは貴重である。

そうしないと、知識の欠如により判断能力を欠いてしまうことにもつながるので、ある程度の知識は必要であるが、人間の記憶力には限界がある。奥が深い知識については、研究が進み、それらを蓄積するシステム等も進化していて、インターネット等で調べたりできるから、機械で調べられるものは機械に頼ったほうがいい。

また、スケジュール管理等も、最近はさまざまなシステムができていて、情報の共有もできるようになっている。いちいち手帳で管理するより便利だし、手帳のようになくしたとき慌てなくても済むのである。

実際、私のスケジュールのほとんどは私が入れたものではない。秘書や直接の当事者が、自由に入れることができるようになっている。私のスケジュールをおさえるために、さまざまな担当者が調整して入れてくるし、場所や会議の内容も事前にチェックしているから効率も良い。たまに休日にも予定を入れてくるのもいるが、優先順位で必要であれば仕方なく従うことにしている。以前は、いちいち電話で確認しながら予定を組んだり、資料を忘れる奴がいたり、結構な時間のロスがあったが、いまでは、その無駄がずいぶん減ってきている。

現在、この原稿もパソコンのワードプロセッサーで書いているのだが、ほんの30年くらい前だと原稿用紙で出版社に入稿し、出版社は写植で原稿を仕上げ、ゲラになった原稿をチェックして出版社に戻す、という作業を数回繰り返して出版される行程だったから、1冊出すのにかなりの労力と時間が必要だった。しかし、現在は書いた原稿をそのまま加工して入稿できるようになり、かなり出版作業が短縮された。おまけに、国語が苦手だった私の場合、漢字を思い出しながら、あるいは辞書を引きながら原稿用紙を書く苦痛は大幅に軽減できている。また以前は、専門書を書くときには事前に調べる必要があるため、官庁に行ったり、県立図書館に行ったりして調べる時間が多大だった。しかし、いまではインターネットにさまざまな情報が流れているから、これらでもかなりの時間の削減ができている。

これからの時代は、どこに時間をかけるかが重要になってくる。

なるべく優秀な人たちとコミュニケーションをとり、わからないことは人に聞ける体制を作り、そのうえで、使えるものはなるべく機械を使って効率よく自分の時間を確保することが大事になってくる。

時間は、なるべく人間力を高める努力のために使ったほうがいい。

人間、なにをやっても遠回りということはないが、生きている時間は有限であることを考えれば、その限られた時間を使ってなにをするのかが重要である。

私の場合、原稿を書く仕事も多くあるわけだが、だからといって、いまさら国語を学んだり、漢字を覚えたり、字がうまくなるように習字を覚えたりはしない。

その時間があるならワードプロセッサーを活用し、ときには不足している知識をパソコンで補いながら原稿を書く時間にあてたほうが有益だと言える。

また、人の知識を借りること。これは、ある会社経営者からも学んだ。

その社長から時々「倉橋さん、たまには食事でもしませんか?」と誘われ、自宅に呼ばれる。その自宅は接客ができるスペースがあり、奥さんの手料理が運ばれてきて、そいつをつまみに酒を飲む。こちらも学ぶことが多いし、たまに顧客を紹介してくれたりするから、むげに断ることはない。

さんざん飲んでいるうちに「倉橋さん、これはどう思う?」とか、「これって、ホントの話なの?」とか、「倉橋さんだったらどうする?」とか聞いてくる。それらに答えていると「なるほど」とうなずきながら、別にそのときに判断するわけではないが、場合によっては勝負に出ることもあり、それで結構、うまくいったりしている。

また、不動産の税金関係についても、税理士と話をして、それでもなんとなく不満なときには連絡がくる。私の考えを聞いたりしながら、最終的な判断をすることにしていた。

読者の中には、成功した人たちは「特殊」な人たちだと思っている人が多いと思うが、実はそんなことはなく、私も含めて普通の人たちである。つまり、みんな普通の人なのだが、

成功する人たちのほとんどは「謙虚」な人たちである。

ところが世の中には、大したこともないのに気取ったり、格好をつけたりする人が多く、またテレビドラマや映画のせいなのか、成功している人を悪者扱いしたりする人もいるから厄介なのだ。私自身、多くの成功者と接してきたが、嫌な奴は、めったにいない。

最近では、私のグループ会社が所有する日本造船史上、いまだ破られていない大きさを誇るヨット「翔鴎（かもめとぶ）号」で海水浴パーティや花火の鑑賞に出かけたりするが、ほとんどが社長連中で、そこそこ大きな会社の社長もきたりする。初対面では社長だから体裁は整えているが、酒が入って海水浴などしよう

ものなら、みんな子どもに返って大変な騒ぎになる。ある社長などは、よせばいいのに海から岸に上がろうとして烏貝でケガしたり、ヨットで陸に帰ってきたのに迷子になって警察の厄介になったりと、なかなか面白い。

所詮、人間、そんなに変わるものではない。

だんだん、歳とともにネットワークが広がってくる。

昔、平社員だった人たちが取締役とか社長とかになってくる。そのときに、きちんと人づきあいができている人たちは、みんなで成功している。

そこで重要なのは、ギブとテイクである。

お金や知識などのテイクばかり求める人がいるが、それでは長続きしないし、相手方もだんだん嫌になってくるから、縁が途切れることになる。与えるものがなければ、人間関係は長続きはしない。したがって、成功している人たちというのは、お互いに情報や知識の共有、あるいは出資関係で資金的なシェアをしながら成功しているのである。

人生において、目的を失うにしたがって近視眼的に物事に取り組む人がいるが、もっと大局的に自分自身の能力や目的等を見いだし、そのためにはなにをするのが一番大切なのかを考える思考回路が必要だ。

自分の時間を有意義に使うためには、なるべく機械をつかうこと。そして、必要な人とのネットワークを大切にすることだ。

教訓その20 世の中には必要なものしか存在しない

わかりやすく言うと、たとえば小学校のときにすごく仲の良かった友だちがいたと思うが、その人たちとはずっと仲良くつき合っているかどうか。

周囲の環境はどんどん変わっていくものである。その人の人生によって歩み方も違うため、その都度、必要な未来ができ上がっていくものである。

しかし、必要だと思って使っていたものでも、しばらくして使わなくなると不要になってしまう。

したがって、現在、

目の前にあるものは、必要なものしかないのだ。

会社も同じで、必要な会社しか残らない。

よく会社を起業してうまくいかない人がいるのだが、自分が好きなことをやりたくて会社を立ち上げる人が多いなかで、実はそのビジネスが世の中に必要とされているかどうかを検証しないと、会社というのは成り立つものではない、ということを知らない人が多い。

人にしても、そうである。

必要とされる人材が会社にいるから、その会社が必要とされるのである。

したがって、つぶれない会社にするには、顧客にとって必要な会社を目指し、さらに、なくてはならない必要不可欠な会社になれば、会社はつぶれることはないのである。

また、会社のなかで必要不可欠な人材というのは、当然だが重宝されるし、他の会社でも採用される人材である。

前述したが、私が学生時代に陸送の仕事をしていたときに、その発注先の担当者が書類作成に時間をかけて苦労していた。私が行っていた陸送の仕事は輸出が絡み、陸送した重機や車両を船舶に積み込む仕事も行っていたのだが、港湾の埠頭に着く船舶は、天候等によって船積みする埠頭がしょっちゅう変更になっていた。そのために、その都度書類を書き換える仕事が増えてしまった。そして、その書類ができ上がらないと車両の移動などもできなかった。そこで、こちらも待っていても仕方ないからと、書類の書き換えを手伝わせてもらったところ、担当者から気に入られ、仕事がどんどん増えていった。

仕事を一緒にしている仲間が困っていることをこちらが察知し、待っている時間がもったいないからと手伝ったことが、アルバイトの延長線で起業できたきっかけの一つとなったのである。

では他の人たちはというと、仕事について妙なセクショナリズムを持っていて、自分の領域外の仕事をしようとしなかった。もちろん、相手は親会社であり、われわれは子会社で別会社であるから手伝う必要もないのかもしれないが、仕事が遅れている事実を考えれば、できることは手伝おうと考えるのが普通なのだが、一般的には手伝うようなことはしない。

そこで私は、書類の書き方を教えてもらって書類を作成し、他の人たちは外でたばこを吸ったり、漫画を読んだりして時間をつぶしていた。そして書類ができ上がると、言われた仕事を言われたように行って帰っていく。結果的に、その会社の仕事の多くは私のチームで行うことになり、外でたばこを吸ったりしていた人たちは仕事を失うことになった。

仕事というのは連鎖的につながっているのであって、その仕事の領域のつなぎ目というものがきちんとつながっていないと、円滑に仕事が結びつかない。したがって、そのつなぎ目というのは重要なのだ。

仕事のつなぎ目をしっかり補強する

と、仕事というのは強固なものとなり、その環境が仕事を伸ばすことになる。仕事というのは、与えられたものをこなすというものではない。与えられたものをこなすのは作業であって、その作業を通じて仕事に結びつけるのがビジネスマンである。

私はサラリーマン時代、企画課長という役職に就いていたことがある。

この役職は、会社の広報だけでなく経営企画も兼ねていて、常に社長と直轄的な関係を築いており、まさに経営者と社員とのつなぎ目のような仕事だった。社員の多くは経営者に対して誤解をもっていて、その誤解を振りまいていたのが古参の人たちであり、せっかくいい会社なのに、優秀な社員が居つかなかった。成長できない会社の多くは、古参の能力の低い人たちが、優秀な社員の芽を摘んで自分の立場を温存しようと企み、その結果として成長ができなくなるのである。これは、どの業種業態でも一緒だと思う。

そこで、社内で資格取得制度を導入し、人事評価の制度も整備したり、古参の連中の虚偽の話を事実と照らし合わせて公表したりした結果、古参の連中の一部からは嫌われたが、会社全体が大きく成長できたし、私自身も会社で評価されるようになった。

これも、仕事のなかにセクショナリズムを持ち込まず、周囲の仕事を見極めながら、いま、なにが必要なのかを考えて行動してきた結果だといえる。そもそも社内でビクビクしている人は、なんらかの負い目があるからなのだろうが、正々堂々と自身の意見を言って、リスクを取って仕事をし、その仕事が成功すれば、評価が得られるものなのである。また、仮に失敗したところで、仕事に一生懸命取り組んでいる姿勢を周囲の人が認めていれば、そんなにとがめられることもない。それを糧にして、成功するまで続ければいいだけである。

問題は、必要とされているかどうかだ。

会社からも、人からも、家族からも。
世の中、必要なものしか存在しない。

必要とされている限りは、すべてうまくいくのである。

第4章

物事はまず良いか悪いかで判断する

教訓 その 21

未来は変えられる

よく過去にこだわり、自分のいま置かれている環境を悲観する人がいるが、それは既に起きてしまったことであり、変えられないものである。

ただ、過去を変えるということも、実はできる。

今日を変えれば、必ずやってくる明日から見れば、過去は変わることになる。今日を変えれば、未来も変えることができる。そう考えると、すごく気が楽になるはずだ。

多くの人は失敗を悔やむことがある。

「あのときにこうしておけば良かった」とか、「あの出来事があったからこうなってしまった」みたいなことを考える人がいるが、そういう人は永遠に物事がうまく運ばないものだ。少し考えればわかることだが、そんなことにくよくよせず、明日に向けて変えていけばいいのであって、終わったことを気にして明日に向かう姿勢を止めてしまえば、そこにずっと留まってしまうことになる。

止まったまま動かないことは、死んでいるのと同じである。

起きてしまったことは、後悔したところで残念ながら変えることができないし、次に起きないように努力することで、同じことが繰り返されないようになるものだ。

どうもいろいろな人を見ていると、このような人たちはおおむね同じような性格をしている。他人の目を気にする人が多く、常に神経質なために、このような性格になってしまうようだ。聞いてみると、子どものころに厳格な親に育てられた人ほど、かような性格になってしまっているようである。

人の頭の中は、ずっと詰め込み続ければ、おかしくなる。

一定のところで、不要なものはどんどん捨てるようにできているし、そうしないといけない。本来、その捨てなければならないものを大事に抱え込んでいるから、気が変になってしまうのである。だいたい、本人が重荷に思っていることなど、他人から見たら別にどうでもいいことがほとんどなのである。

そもそも人の生き方に合格点はなく、結局、自分の生き方は最終的には自分で評価し、納得できるかできないかでしかない。

つまり、人生は自己満足なのだ。他人に評価されるものではないから、不満点は自ら解決しつつ無駄なものは捨て去る努力も必要なのだ。私が以前に書いた「馬鹿に効く薬。」という著書があるが、ここにはさまざまな考え方を書かせていただき、説得力を持たせるために私の学歴等も記載させてもらっている。

物事には身の丈というものがあり、事実は事実として捉えるしかなく、私も後から大学にでも行けば良かったと後悔したこともあったが、いまとなってはあまり学歴にこだわることもなくなった。また本書では、いまでは先生とか社長とか呼ばれている身分だが、昔、陸送の仕事をしていたことにも触れている。職業に優劣があるわけはなく、人生というのは、同じ時間軸で進行するのであって、私自身が夜学に通い、昼間はアルバイトの延長線でちょっとした事業を行っていたことは変えられない。現在では、そこそこ立派な実業家であるのだから、わざわざ学歴や過去の職業など書かないほうが良いのではと指摘してくれる人もいるが、それでは言葉に説得力が生まれない。

私としては、私のような者でも、私のような学歴でも、昔、陸送の仕事をしていても、現在、実業家としての地位が確立できていることを知ってもらったほうが良いと考えての本書の執筆である。

しかしながら、私の生き方は結果として良かったと思っている。もちろん学歴を否定するものでもないが、ただ、目的を考えて学歴を選ぶというのは重要なことだろう。

私の娘が高校時代から私の会社でアルバイトをしていて、弁護士を目指すことになった。したがって、大学は法学部に進んだのだが、仕事上、賃貸の契約違反者や滞納者などへの建物明渡訴訟などを通じて、相手方の弁護士が書いてきた答弁書や準備書面に虚偽が多く、その内容を読んで一気にテンションが下がり、大学2年のときに弁護士になることを取りやめ、公認会計士の道に進むと言ってきた。そのときに私自身は止めることもなく、経済的な支援を行い、娘は法学部なのに会計学関連のゼミを選択した。

このころというのは、娘は娘で重要な岐路だったので学生時代に方向性を決められたことは、結果的に良かったと思う。私は私で、高校時代に進学をしないことを決め、アルバイトを続けて社会勉強を行ったことは、結果的に良かったと本気で思っている。

私が考えるに、

一番無駄なのは、むやみに方向性を決めずに行動することである。

方向性というのはなかなか決まるものではないが、なにかをやりながら考えるしかない。
また、方向性は変わることもある。変わっていけないということも、全くない。
ただ、間違えた方向性を直すのには、少々時間がかかるだけである。

能力×情熱×方向性。

この方程式は、新卒の会社説明会に参加した人に話している内容である。いくら能力があっても情熱がなければ結果は出せないし、情熱だけでは空回りで結果は出せない。ただ、能力も情熱もあるにもかかわらず、方向性を間違えてしまうのが一番怖いのである。世の中に存在する犯罪者集団などがその一つだが、能力も高く情熱がある分、悪い方向性に向いてしまうと犯罪者になってしまうのである。

若いころは、誤った方向性に向いてしまうこともあったかもしれない。ひょっとすると、ちょっとした犯罪を犯してしまったことがあるかもしれない。いまとなっては、恥ずかしいことをしてしまったことがあるかもしれない。なんらかの過ちを犯すことだってある。しかし、それを引きずり続けると、将来はなにも変わらないのである。

未来はいつでも変えられる。
今日を変えれば、未来は変えられる。
そして、その時点から過去も変えられるのである。

教訓その22 人のせいにするな

人のせいにすることは簡単だが、そのことで人生を歩みにくくしてしまうケースがある。

たとえば、ある事象について、自分が責任逃れをして人のせいにすると、それが癖になり、ずっと周囲のせいにする癖がついてしまう。すると、なんとなく楽になった気持ちでいられるかもしれないが、それが将来、自分自身を孤立させることつながっていく。

人のせいにすることで、「ああ、そうだったのか」と相手方は許してくれるわけではないし、問題点は解決されない。つまり、なにも変わることはなく、問題については、結局、誰かがなんとかしているだけで、他人に迷惑をかけているだけなのである。

逆に自己責任思考の高い人の場合、問題点に対して即座に対応するから、スキルは上がるし、信頼関係も構築されやすい。したがって、責任逃れをする人より、責任感をもって取り組む人のほうが大きな仕事も地位も早く得やすい。

つまり、当たり前のことだが、

成功する人とは、人のせいにしないで責任感をもって取り組む人

なのである。

私も、さまざまな人たちとビジネスを行ってきたが、前者のような人とのつき合いは遠のき、後者のような人とはつき合いの幅が広がっている。

無責任な人の場合、仕事を途中で放棄することが多く、ビジネスでも投資でも大きく損をすることになるから、最初からそれを見抜くようにして、見抜いたらつき合う必要はないと考えるのである。

実際、ビジネスを通じて多くの人助けもしてきたが、なかには無責任な人の人助けまでしたこともあり、結構、ひどい目にあったことがある。

とくに飲食事業では、ひどい目にあっている。

困っていた人を助けてあげたつもりが、その人は仕事を途中で放棄しただけでなく、その責任を私や当社のせいにしてそれを周囲に言いふらかし、そのために一部の信用を失うことになってしまった。

かような人たちは、次々に人々に迷惑をかけ続けて生きていくわけだから、最後には狭い範囲で苦しむことになる。

さらに「私と知り合いだ」と言って、その被害を拡大させることになる。「倉橋さんの知り合いだと思ったからつき合い出したのに、ひどい奴でさ、500万円も損しちゃった」みたいに言われたりすると恐縮するが、別に私がその人に紹介したわけではないし、ビジネスを勧めたわけでもない。

こうしたことから、なんでも他人のせいにする人とは、なるべくつき合わないようにしたほうがいい。もちろん、私のように、かような人には「かわいそうだから、助けてあげたい」という気持ちは持たないことだ。

また、世の中には白黒の判断をつけようとする人たちがいて、そのおかげでいろいろなことや時間が犠牲になる。

「それは考え方が間違っている」と指摘して、自らの考え方を押しつけてきたりする。

考え方というのは人それぞれ違うわけで、白黒をつけられるものではない。物事の考え方は、道徳、倫理、法律と段階があり、まず道徳的な考え方から始まり、倫理的な考え方で判断するもので、それでも判断が難しいものは、最終的に法律的な判断が必要なのである。

したがって、白黒をつけるというのは法律的判断になるわけであって、まずは**正しいか正しくないかではなく、良いか悪いかで判断をすべき**なのである。

また、世の中には良い悪いという判断の他にも、いろいろな判断基準がある。なんとなくそういう柔軟な考え方を念頭に置きながら判断して決めることによって、無駄な時間や無駄な議論が避けられ、双方に許容できる範囲ができてくるので、かえってそのほうが楽な生き方ができるのである。

さまざまな仕事や研究会などで「私はそうは思わない」とか発言して自分の意見を押し通そうとする人がいると、ずっと結論が出ないままで時間だけが過ぎ、ではどうしたら良いかの結論がない。私もたまには意見を押し通すこともあるが、その意見には責任を持って、判断したことは実行するようにしている。

また相続などでもめる人の多くは、感情的になって自分の意見を押し通す人である。

「お金の問題じゃない！」これが始まると、必ず問題解決が長引く。結局、お金で解決することになるのだが、われわれはわざわざ「『お金の問題じゃない』って言ったよね」などとは言わない。

円満な関係は、考え方のすり合わせから始まる。考え方を人に押しつけないことで、人に寛容になれるし、なにかを人のせいにもしなくなるのである。

すべては、自己責任。人のせいにしてはいけない。

教訓 その23

生き方は、さまざまだ

人それぞれ、いろんな考え方で生きている。したがって、それを否定してはいけない。

たとえば、工場の運営をするのには、工場で働く人が必要である。加えて仕事を取ってくる営業の人が必要であったり、それらを統括する経営者が必要だったりする。それぞれ向き不向きはあるかもしれないが、その人たちがいなければ仕事は成り立たない。

会社のなかで、事務の人たちが営業に対して不満を言ったりすることがある。またその逆のケースもあるのであるが、実は、そこは仕事の領域が違うのであって、同じテーブルで論じることはできない。それを無理に公平な立場を保とうとすると、ゆがみが出てくる。

また、人それぞれ適性というものがあるが、最初に適性があると思ってやってみた仕事が、できなかったりすることもよくあるのである。

私は学生時代、就職のために適性検査を受けたことがある。

結果は、私に合う職業は警察官や自衛官等の公務員ということであった。いま考えてみると、多分、その仕事に就いたとしてもできないことはなかっただろうが、適性があるかどうかというと、それはまた別問題だったのではないかと思う。

この適性検査というのは、当時、どのような基準で決められたのかはわからないが、私自身は、現在の自分自身と照らし合わせてみると、やはり現在のような生き方のほうが適性だと思っている。もっとも、高校時代の適性検査で、実業家、不動産投資家、不動産業者などがあったかどうかは疑問ではあるが。それ以来、私自身は、この適性検査は信用していないのであるが、現在、当社では入社試験で適性検査を行い、その受験した人たちに結果を教えてあげて楽しんでいる。本当は見せてはいけないようなのだが、「性格は、こうみたいだよ」とか、「実は、飽きっぽい性格じゃない？」とかを教えてあげると、反論する人もいるし、認める人もいる。

どうも学校教育や社会のなかで、物事のすべてにレッテルを貼って決めつけようとする風潮があるが、これは人それぞれやってみなければわからないと私は考えている。

まずはやってみる、そして考えることが重要だ。

実は、仕事というのは学生時代と違って、成果がそのまま自分に返ってくるのである。

学生時代は授業料を払って学校に通い、時間を使って授業を受ける。その受けた授業で得た知識というのは、人によって役に立つ場合もあれば、役に立たない場合もある。しかし、会社員になって仕事をするようになれば給料がもらえ、その稼いだお金を使って時間をかけながら必要とする資格やスキルを得ることができる。また、会社に勤めて給料をもらいながら、仕事のなかから知的財産を手に入れることができることもある。そして、この流れがさらに拡大し、収益構造が良くなるようにノウハウがどんどん積み重なれば、どんどん所得も上がってくるものである。

したがって、

お金と時間のかけ方により、所得は変わってくることになる。

残念ながら、所得の上がらない人の多くはこの努力を怠る人が多い。稼いだお金をギャンブルにつぎ込む、あるいは夜遊びして、お金を使ってしまう。すると、お金も時間も浪費する。おまけに仕事中は、体が会社にいても、頭の中はギャンブルや遊びが支配するから、満足に仕事ができなくなる。こうして会社のなかに格差が出てきて、当然、後者は不満をもって転職したりして、所得も上がることはない。

私自身、仕事を通じて知り合った人から株式投資を教わったことがある。バブルの前だったから、たいがいの株の価格は上昇していたので失敗することもなかった。ただ、毎日、株価が気になって仕方がなくなり、夜中は短波で海外の動

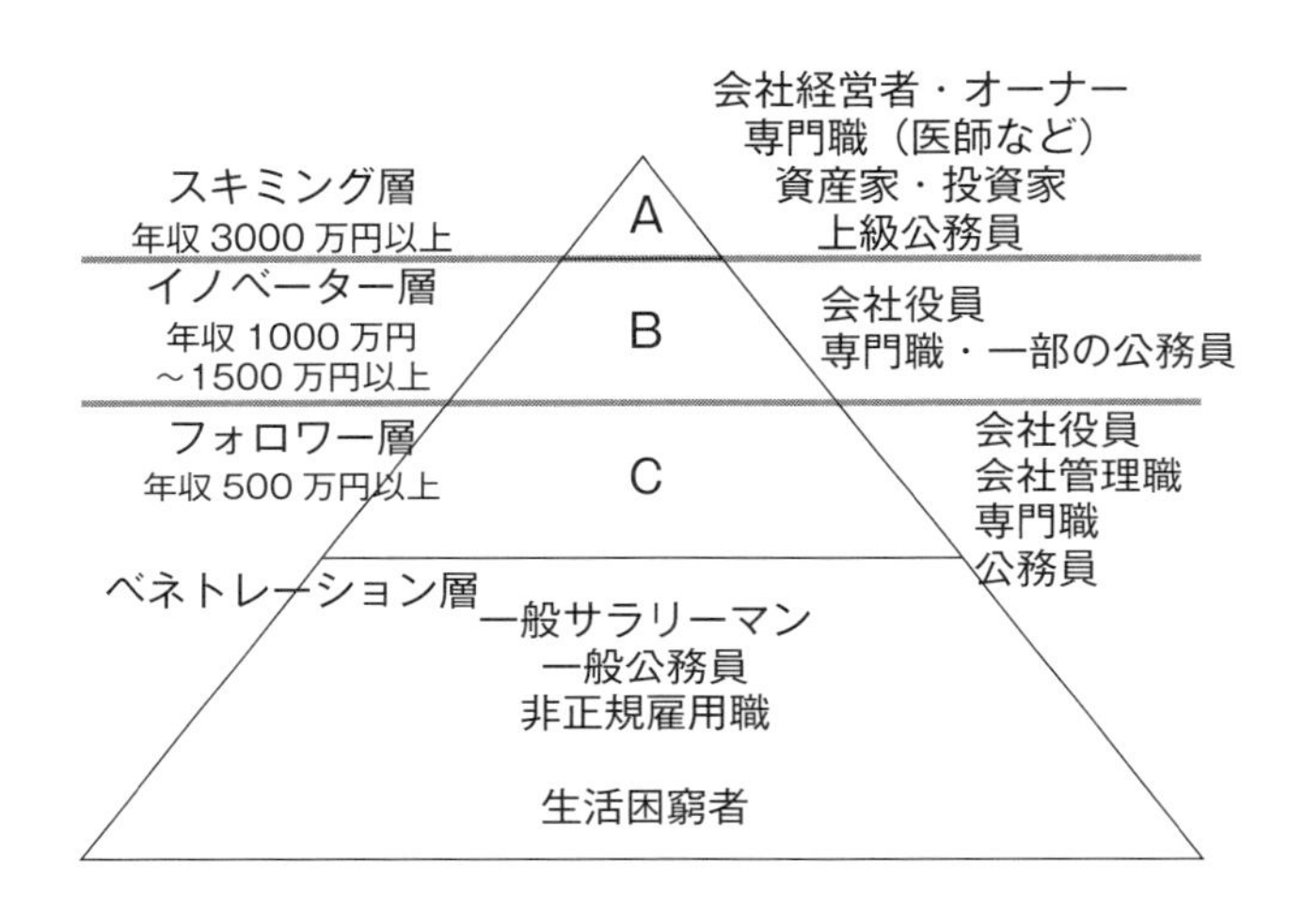

きを確認し、朝には売り買いの指示を出す。その買った株が上がればテンションも上がり、株価が下がるとテンションも下がった。不動産の仕事も、まだ満足にできないのに、給料と同じくらいのキャッシュが入ることもある。そこで、株式投資をやめることにした。

やはり仕事に徹することを覚悟したのである。

さて、会社や社会には階層というものが存在する。

さまざまな人たちが、それを非難したり否定したりするが、私の経験則上、明らかに存在する。学閥などでもそうだが、とくに高学歴な人たちは能力とは関係なく高所得を求めているのも、この階級意識があるからである。たとえば、東大法学部を出た人たちはさまざまな形で世の中に就職するのだが、そこには暗黙的な所得の相場が形成されていて、一般企業で活躍する人と上級公務員になった人では、仕事が違うにもかかわらず同程度の賃金を要求したりするらしい。

私自身も若いうちは、それはおかしいと考えていた。

たとえば、上級公務員の試験をパスして世の中に出ると、それだけでノンキャリアの人たちが一生たどり着けないくらいの階級からスタートする。ときにはノンキャリアの人たちが出世することもまれにあるが、明らかに高学歴の人のほうが有利な社会が形成されているのが現実である。

これを事実として捉えて人生を考えなければいけない。

わかりやすく言うと、世の中にはセグメンテーションという階層区分が存在するのである。

図でいうスキミング層は、世の中の5%程度の富裕層であり、年収は

3000万円以上の人たちで、次のイノベーター層の人は年収がだいたい1000万円から1500万円以上の人で15％程度の人たちである。これ以外が一般大衆であり、フォロアー層は年収が500万円以上で35％程度、それ以下がペネトレーション層の45％程度の人たちと分類されている。

これらは消費に対するアプローチの戦略などに使われる言葉なのだそうだが、残念ながら、階級社会は存在するのである。

私自身の経験では、高校時代にアルバイトした先々の多くは、ペネトレーション層の人たちが働く現場だった。

この人たちは、仕事に楽しみを見出していないし、不都合なことがあると会社や環境のせいにして努力もしない。若いころは、社会人というのは、かような人ばかりだと思っていたが、後から気がつけば、かような会社の経営者はイノベーター層以上の人たちであり、そもそも意見がかみ合うはずもなく、たまに会社の行事などを気を利かせてやろうものなら、酒の席が大混乱となるのである。

つまり、階層社会のなかでは、自らが生息する階層をどこに絞り込んで生きていくのかが大事だということだ。もちろん、ペネトレーション階級の居心地が良いと考えるなら、それはそれでいいわけだ。しかしながら、決してスキミング層の生息エリアには侵入できない。

私が以前に通っていた陶芸教室があった。

ここでは、はっきりと二とおりの人に分類されていた。

一つは、しっかり技術を学び、自ら陶芸を仕事に結びつけようと頑張る人。

もう一つは、毎日が暇で、なんとなく陶芸でもやって、自分の作る料理の器や壺などを作って、人に自慢したいとか考える人。

当然だが、この双方の人たちは表面的には仲良くしているが、お互いが相容れない思考回路をもっている。

私の場合、当時、たまたま会社で企画の仕事をしていた関係で、その陶芸教室の生徒の個展を開く手伝いをしたことがあった。それがきっかけで数年通ったが、どちらかというと後者のほうの人たちに可愛がられた。

「今日は暑いから、ビールでも飲んで食事でもしない？」

「いいわね、私、美味しいお店知っているから倉橋さんも一緒に行かない？」

ということで誘われたので同行することになると、なんと、タクシーで1時間以上かかる場所にある料亭に行ったりするのだ。彼女たちは、お金より大切な時間を味わう人たちで、その陶芸教室の忘年会などが教室の近くの蕎麦屋などで行われると、一応、参加はするものの、あまり食事には手をつけず、2次会で美味しいものを食べたりしていた。

全く相容れない思考回路の人たちだが、前者の人たちも後者の人たちも、1年に1度くらいは自分の個展を開いた。当然、私は双方の個展に呼ばれて顔を出すのだが、どちらかというと前者の人の作品は小ぢんまりとした作品が多く、後者の人たちの作品は大胆で面白い。もちろん、掛けている材料費も大きく違うから仕方がないかもしれないが、明らかに後者の人たちの個展のほうが来場者数も多く、場合によっては、作品が高額で売れたりしている。

よく見ると、来場者の属性も前者と後者に分かれているのである。

生き方は、さまざまである。

自分の生息地域は、自分で決める。

高学歴でもなく、エリートでもない場合、会社のなかで与えられた仕事で実力を発揮し、イノベーター層、スキミング層を目指して頑張るしかない。

あまり言いたくないが、階層社会は現実にあるのである。

ただ私自身が全部を経験してきているからわかるのである。

生き方は、さまざまであり、
自らが思うところにしか生息できないのである。

教訓その24

友だちという名の環境を引きずるな

友だち同士で、あなたの友だちの環境ができる。

しかしながら、自分の成長とか生活の変化によって、友だちというものはどんどん変わってくるものである。学校に行ってクラブに入ればクラブ活動の友だちができるし、なにかのサークルに参加すれば、そこでも友だちができてくる。社会人になれば、新たに社会人としての友だちもできる。

よく、昔の友だちを大切にするあまり、新しい友だちができなかったり、行動範囲が限られたり、また時間が拘束されたりすることがある。

すると、**友だちのために自分の自由が束縛されることになる。**

また、友だちといっても、組織を維持して優越感を感じているだけの奴もいたりする。

実際、友だちというのはなんなのか。

よく「あんたは親友だ」とかいう人がいたりするが、結局、環境に応じてそれは変わってくるので、その理解をしないと「友だちに裏切られた」「友だちなのにどうしてだ」とかいう言葉が口に出てくる。全く意味のないことである。友だちは友だちで大切であるが、環境によって変わってくることがあるので、そこはあまり気にしないほうがいい。

「お前、友だちじゃなかったのか」などと言う奴がいるが、「友だち」というカテゴリーで人を拘束しようとするから面倒になる。そこで「別に友だちじゃないよ」と言えば、もっと面倒になるから「それは自分で決めることなんじゃないの」とでも言っておけばいい。

昔、私の友だちを名乗る人から連絡がきて、誰だかわからないまま、会うことになった。確かに高校時代にちょっと知っているくらいの奴だったが、ネットワークビジネスの勧誘だった。ことさら私に布団を売って儲けることができるという話をしてきたのだが、「だったら自分で売ればいいじゃん」ということで断った。同じように、保険の勧誘や宗教団体への勧誘、ときには借金の申し込みの話もあった。私だけが友だちに恵まれないのかわからないが、過去の友だちづきあいは疎遠となった。

また、だんだんテレビとかラジオに出たり、雑誌や新聞に取り上げられるようになって有名になってくると、「おれ、こいつと友だちなんだよね」とか言って吹聴して回る奴が出てくる。

ある時、某企業の社長から電話がきたことがあった。

「倉橋さん、ひどいじゃないの」といきなり言われ、詳しく話を聞いてみると高額なコンピューターシステムを導入したが満足に動かないという。そして、私に電話をしてきたのは、その取引先の社長が私の友だちだと言って、いかにも私が推薦したかのように近づいてきたというのである。確かに、その人は一緒に某団体を立ち上げたり、同じ研究会のメンバーでもあったが、別に友だちでもなんでもない。一緒に写真を撮ったりする場面があったから誤解されたのかもしれないが、こういう人も現れたりする。この件については、残念ながら私が推薦したわけではないし、導入の際に一度でも私に連絡をしてくればそんな目に合わなかったのだからと伝えて終わった。

友だち。すごい広範囲な言葉であるが、意外に面倒くさい言葉である。

現在も多くの友だちづきあいをしている人たちはいるが、必要なときに都合をつけて楽しんでいる。ゴルフを楽しむときにはゴルフ友だちであるし、ヨットに乗るときはヨット仲間だし、仕事に絡めば仕事仲間である。

お互いに気を遣わない関係。そのような関係が友だちなんじゃないか？

そのほうが楽しいし、長続きがするのである。

友だちを大切にするあまり、自分を犠牲にする必要はないのである。

「友だちから無視された」とか、「友だちからいじめられた」などと声を上げるのもいるが、そもそも、その時点で友だちではない。学校や会社にいれば、全員と仲良くすることなどできないに決まっている。なにも気にすることはないのである。

友だちは、友だち。

ただ、それだけの存在であると割り切ったほうが無難だ。

教訓その25 チャンスをつかむものと、逃すもの

たとえば、学生時代に勉学で実力をつけるとする。もちろん、学力を身につけることは重要なことだが、そこで実力をつけたと思って実際に行動に移しても、あまりうまくはいかない。

成功する過程には、さまざまな経験から引き寄せることができるチャンスがある。

そして、チャンスというのは、自分自身がわからないまま、思ってもいないときに到来することがあり、もしくは後で考えたらチャンスだったことがわかる場合が多い。

私がこの業界で有名になったきっかけは、日本ではじめて賃貸管理の業界向けのマニュアルを書いたことだった。

そもそも、私自身が賃貸管理の業務を始めたきっかけは、たまたま勤めていた会社の担当者がトラブルを抱えたまま退職してしまい、企画の仕事をしていたために、私が引き継ぐことになってしまったことだった。

正直、あまり気が乗らない仕事だった。

私は当時、住宅販売の会社でトップ営業マンだった。普通の営業マンの倍以上の成績を上げていたが、その後、営業を離れて企画課の課長になり、広告や広報担当の他、リクルート活動や出店計画等、忙しく働いていた。その最中、それらの業務を引き継ぐことになったのである。

しかし、いろいろ調べていくうちに、当時は業務として体系化されていなかった賃貸管理業務という仕事を、体系化されたビジネスモデルに作り直す必要性があることに気がつき、社内にさまざまなノウハウを蓄積し、3年ほどで利益率日本一の評価をいただき、そのことで講演を依頼された。そして、その講演にたまたま来ていた出版社から話があり、マニュアルの出版に至ったのである。

そもそも私は、心の中では賃貸管理の仕事には興味がなく、単純に大変な仕事だと思いながら傍観していた。それも、担当者が何年かかってもなかなか黒字化することができなかった事業である。

また、そこで働く人たちも、本業の不動産売買とかで使えない人ばかりが集まっていたから、なんとなくその部署には覇気も感じられなかった。おまけに、その会社の賃貸仲介の担当者が反社会勢力の人に公団住宅の一室を貸してしまい、公団のマンション管理組合とオーナーとの間に挟まれて毎日毎日苦情の電話が入り、その部署の責任者が解決できずに退職した後、私が引き継ぐことになったのである。

結局、その反社会勢力の人たちとは訴訟で争ったが、当時市販されていた建物賃貸借契約書の条文によれば、裁判になったらなかなか契約違反を指摘することができなかったことから、契約違反の証拠を立証するのに苦労した。そこで、当時の顧問弁護士と打ち合わせしながら建物賃貸借契約書等を整備し、先に述べたマニュアルを通じて日本全国に普及させることになったのである。

いまでは不動産に関するコンサルタント会社として、多くのグループ会社をしたがえて事業を行っているが、最初のきっかけはそんなことからだった。

私自身はこの業界に25歳で入り、遅いスタートだったが、賃貸管理のビジネスモデルを構築してから33歳のときには出版に携わったわけで、早い段階でこのチャンスをつかむことができたことは、いまの人生形成にも大きく寄与することとなった。

チャンスというのは、このように自分の意思や意向とは関係なく現れてくるものであって、その立場によってさまざまなチャンスが訪れる。

なかには「それは私の仕事ではない」とか、「私にはできない」とか言う人たちがいるのだが、残念ながらその段階でチャンスをつかむことはできない。

私の場合、学生時代、国語は2以上取ったことがないのに、文書を書くのは好きなほうだ。

昔、アルバイト時代に暇ができると、他愛もない小説を書いたりしていた。こうした経験があったため、出版の話が持ち上がったときには「それは面白いですね！　やりましょう！」と言えた。

そもそも、成功した人が謙遜するならわかるが、なにもできない人が謙遜してもチャンスはつかめない。

たとえば、オリンピック選手で「私には金は取れません」とか、「金を取ったのはまぐれです」などと言っている人を見たことがあるだろうか。また「チャンスは向こうからやってくる」とか、「奇跡的に起こるもの」だとか考える人も多くいるが、それは間違いだ。さまざまな行動を起こすことで自分の環境が変化し、そのなかから突発的に出てくるのがチャンスなのだ。

その後、1998年には「賃貸トラブル110番」(にじゅういち出版)という本を出版したことがきっかけで、北野武さんの司会をしていた「ここが変だよ日本人」という番組に出させてもらってからテレビ出演の仕事も増え、講演料も格段に上昇した。

ここでも「いやいや、テレビ出演など滅相もない」と謙遜していれば、いまはないのである。

チャンスはつかむものである。
チャンスは思わぬところからやってくる。

そのチャンスをつかむために、スキルを上げておくのである。

教訓その26 事実と照らし合わせる癖をつけるべき

人間、誰しも、被害妄想的な考えを持つ。

私も、もともとはそういう感覚を持っていたりしたが、この感覚は捨てるべきだ。

物心がついたころは、子ども同士の集まりの中で「誰誰がお前のことをこう思っている」とか「こんなことを言っていた」とか言ったり、言われたりすることがある。それは、言った子どもがなんらかの意図をもって言っているだけであって、実はそれが嘘である場合が多い。

会社のなかでも、同じようなことがある。

私が先に書いた賃貸管理の事業部のリーダーをしているときのこと。

社長から「倉橋さん、たまには部下ともコミュニケーションを取ったほうがいいですよ」というようなことを言われ、どうしたのかと聞くと、某幹部が私の部下である優秀な女子社員から相談を受け、ある件で私が真剣に話を聞いてくれないからと涙ながらに訴えたというのである。早速、私はその女子社員に電話をして話を聞くと、笑いながらそんな話をしたことはないと言った。もちろん私には心当たりがなかったから当然である。そこで、その某幹部と社長が同行した視察旅行に、その女子社員を研修と称して同行させ、その女子社員の口から某幹部の前で社長に「私はそんな話をしていないし、泣いてもいません」と報告させた。その某幹部は「もういいよ」と止めようとしたが、私は許さず「この場ではっきりさせましょう」と進言すると、顔を赤くして「申し訳ありません」と謝った。その後、その幹部から彼女に嫌がらせのようなことがあったが、その都度、私に報告してきて、私は社長にも直接話せる立場だったから、すぐに事態を収めることができた。

能力の低い幹部ほど、気をつけないといけない。

彼らは、なんらかの形で派閥を作ろうとする。そして、派閥以外の人たちや自らの立場を危うくさせる人を失脚させるように仕向けたり、自分の立場を保つための保身目的で、さまざまな部下の行動や顧客の言動を経営者に伝えてくる。しかし、これらもほとんどが嘘であることが多い。

「社員の○○さんが、私のことをこう言うんですけど」という何気なく自分をほめる言葉を口にして、それに対し社長が「それはあなたの人徳じゃないですかね」と相づちを打ったり、ときには「○○のやつが、社長のことを、こんなふうに言っていましたよ！」などと忠誠心があるように、いかにも進言しているように装った嘘をつくこともある。たまたま私自身が社長に近い立場だし、席も隣だったので、それらを本人たちに確認して、社長に伝えることにしていた。そうしないと、社長の判断が誤ることがあるからだ。まさか、さすがにそんなに幼稚な会社はないでしょうと思われるかもしれないが、実はどこにでも同じようなことが起こっているのである。

「社長、私のこと、そんなふうに思っていたんですね」と女性社員からの、泣きながらの電話をもらったことがある。全く心当たりのない話だったので、事情を聴いてみると、比較的年齢のいった社員を雇い、その社員を責任者にしてある事業を行っていた。彼は古参だった女性社員とうまくいかず、その彼女を辞めさせるために「社長がお前のことを、こんなふうに言っていた」と悪口を吹き込んだのである。

早速、2人を呼んで、私の目前で不実を証明させたが、能力のない人に限って仕事で決着できない分、かような姑息な手段を使ったり、パワーハラスメントを行ったりするのである。結局、彼はやめていったが、結果的に良かったと思っている。

人の言うことは鵜呑みにせず、事実と照らし合わせる癖をつけるべきである。

それを明確にせず、衝突を避けるために放置しておくと大きな損失につながることになる。常に、事実と照らし合わせて判断する癖をつけるべきなのである。

それ以降、ユーチューブで「朝礼」を配信するようになった。

「倉橋隆行朝礼」で検索すれば読者にも見られるが、「社長がそんなことを言うわけがない」と思わせることも目的としている。

かげで誤解は常に生じていると考えるべきだ。

教訓その27 子どもの進路は、親や先生が決めるな

私がどこかの講演で「子どもにお金をかけてやったところで、あまり意味がない」といった旨のことを話したことがあって、その後、これを聞いた方が個別相談に来て、「先生のおっしゃるとおりです」と言った。

聞くと、子どもには英語の英才教育をし、海外留学にも行かせていたりしていて、将来はグローバルな仕事をしてもらいたいと考えていたようだった。そのために子どもの教育にお金をかけすぎて、自分たちの老後資金を蓄えることができなかった。そして、その子どもたちは、海外で結婚をし、日本には戻って来ないという。親としては、この子どもたちに勧めたグローバルな仕事という意味においては目標が達成できたが、自分たちの老後について、子どもたちがなにかをしてくれるという期待は裏切られてしまった。

私の場合、あまり親の言うことを聞かずに、自分のやりたいことや好きなことをやってきた。父は私を公務員にさせたがっていたが、母はそれに反発していた。そういう意味では、母はいつも「自分の好きなようにしろ」と言っていたが、これは教育放棄ではなく、責任を持って全部自分でやり、自分で考えて行動することにつながった。この考え方は、すごく正しいことと思っていて、私自身の子育てもそのようにしていた。なぜなら、そのほうが簡単だからである。

たとえば、子どもに「こうしたらうまくいく」ということを言って、やらせたとする。それがうまくいかなければ、必ず親のせいにするものだ。やがてその繰り返しをしていると、子どもは親を恨んだり、あるいはなんとなく自信がなくなり、親への依存症になってしまったりする。

子どもが自立できないことは、親にとっても子どもにとっても不幸なことである。

自立できない子どもたちが生み出される家庭環境は、厳格な家庭環境が多いようだ。子どもに対する「これをしろ」という指示を、素直な子どもたちはそれを真に受け行動し、失敗すると親のせいにする。進学についても親や教師の言いなりで、進学して就職活動した結果、うまくいかないと学校や親や社会のせいにする。自分で考えて行動した結果としての挫折は乗り越えることができるが、人から押しつけられた行動で失敗すると、その挫折は乗り越えられずに人のせいにしてしまうものである。

であれば、最初から子どもが希望することをやらせて、自分で選択させるようにしたほうがいい。

人のせいにしない癖をつけさせたほうが、どれだけ社会に出てから役立つことになるだろうか。自分で考えたことを自分でやらせてやる。そして「自分で考えたことなんだから人のせいにするな」と突き放す。すると、自然に自己責任能力が備わるのである。そのほうが、双方にとってシンプルで問題も少ない。

子どもには、まず自分で考えて行動させることが大事で、親はそれをサポートするくらいでちょうどいいのである。

同様に、子どもに自分で考えさせる仕組みを作らなければならない。これは会社内でも同じことがいえる。

仕事の指示をするときに、単に「これをやれ」と言っても、相手方がその仕事に興味を持っていないと成果は上げられない。とくに相手方が、その仕事に魅力を感じなかったり、仕事に対する自信がなかったりすると「はい、わかりました」と返事をもらったところで、頭の中では「どうせ私にはできない」とか「お前がやればいいじゃないか」などと否定したりしているから、一切行動しない。適当なことを言って、できない理由を探し出すだけだ。

「君なら、これ、どう思う?」というふうに話しかけ「これは難しいと思います」というような場合、「じゃあ、どうしたらできると思う?」というようにやる方向に導き、考えさせるのである。もちろん一緒になって考えるのであるが、方向性が見えた段階で「じゃあ、これ、君ならできるんじゃない?」というようにすると、相手方は真剣に取り組み、成果を上げることができるようになるのである。

子どもでも同じだし、会社の会議でも同じである。まず、テーマについて相手方の意見を聞く。お互いにやる方向、やれる方法を出し合い、責任ある立場で行動させるとうまくいくし、失敗しても人のせいにしなくなる。

私が学生時代の話。

私は学生時代にオートバイが好きで、初めて買ったオートバイが10万円ほどした。オートバイを買うことを親に言ったら、いくらかお金を出してくれた。買った後、親からの借金を返すために朝から新聞配達のアルバイトをした。

新聞配達をする際には、自分のオートバイでは配達ができず、専用のオートバイが与えられたから、そのオートバイで配達をして戻ってから、自分のオートバイで通学する予定を立てていた。

ところが、学校ではオートバイ通学が認められていなかった。

私としては納得できなかった。オートバイはそんなに危険な乗り物でもないし、街中では警察も取り締まっているわけだから、当たり前だが交通違反をすればそれなりのペナルティーが課せられるので、そんなに無謀なこともしない。そもそもオートバイの免許は16歳で取れるわけで、法律と照らし合わせてもなにも問題がないのに、学校ではオートバイの通学が禁止される意味がわからなかった。朝、新聞配達をしてから学校に通学するのに、いちいち家に帰ってバスと電車で通学するというのは非常に時間が無駄であるし、そもそも学校が終わってからガソリンスタンドでアルバイトをしていたのだから、やはりオートバイで学校に行ったほうが便利なのである。その説明をすると、今度はアルバイトを禁止すると言ってきた。

私自身は早くから社会に出て、さまざまな勉強をしたいと思っていた。アルバイトすることによって学校では学べない人とのコミュニケーションを勉強できたが、現在でもこのときの経験というのは非常に役に立ったと思っている。

そのことも学校の先生に説明をした。すると、その先生には理解してもらったが「アルバイトの件は目をつむるが、オートバイで通学するのだけはやめてくれ」と言われた。

もちろん、アルバイトしているから学業がおろそかになっていると思われるの

も不愉快なので、勉強も頑張り、とくに化学と数学は学年で3番以内に入ってい
た。おまけに部活動も行っていて、前にも書いたが1年生で部長になった。
私自身がオートバイ通学禁止への反対をしていた際に、学校から親が呼び出さ
れた。実は母親は私と同じ意見を持っていた。
学校の先生は「オートバイ通学がいけない理由は、通学時間に事故とかあった
ら学校の責任になるから」というようなことを話していたが、母親は「なにかが
起こっても、本人にそんなことは言わせないし、私もそんなことは言わない。も
し心配なら書面でもなんでも書くからオートバイ通学を認めてほしい」と反論し、
話は平行線に終わった。
多分、その時点で学校としては、この親子にはなにを言っても無駄なんだろう
と思ったのだろう。
結局、アルバイトは認めてくれたが、オートバイ通学は禁止されてしまった。
当時、アルバイトで稼ぐ目的というのは、次に買うオートバイのためだった。
そして免許も教習所ではなく、試験場で取った。

このときから、先に書いたとおり、試験場で免許を取るというのが習慣になり、その他の免許も普通自動車の免許以外、試験場で取得したのである。

これも誰かに言われたからやったわけではなく、自分でやって楽しみを見いだした結果だ。その日に試験を受け、受かるまでやればいいということだったので、難しいこともなにもなかった。

これも一つの体験的なことであるが、試験は落ちたからといって人のせいにはできない。このことは重要だ。たとえば、資格試験等で落ちた場合、受験者は必ずいろんな言いわけを考える。

現在、当社では社員に宅地建物取引士という資格は必ず取ってもらうことにしている。

本来は、事務所内に5人に1人いれば大丈夫なのであるが、当社の場合、営業部門は全員が所持している。そのために、新入社員はその年に受験をしたり、大学生のインターンシップ生は、その期間に資格を取らせるようにしている。そして、資格試験の日の夜は祝賀会を行い、受かった人に対してはその努力を称えてあげて、落ちた人にはその原因を報告させるようにしているのだが、だいたいが必ず言いわけをする。

私自身はそもそも、資格試験で落ちたことについて言いわけすることがない。なぜなら、受けるからにはそれなりの準備をして受験するので、落ちたときには、当たり前だが全部自己責任だと考える癖ができているからである。

つまり、人は自分の考えで動き出せば、自分で判断して人のせいにしたりはしなくなるものである。親とか学校の先生が「こうあるべき」論で子どもに接するから、子どもも自立しなくなるし、失敗すれば人のせいにする癖がついてしまうのである。

子どもに対してもそうだが、親が子どもの進路を決める必要はない。やる気を出させる言葉で、自分自身から行動をとらせる方法を考えればいいのである。

「おまえなら、できるんじゃない？」

「面白い！　それやってみれば！」

言葉一つで、子どもの人生は変わるのである。
そして会社も変わるのである。

第5章

一歩を踏み込む経験の積み重ねが差をつける

教訓その28

知識と知恵は違うものである

知識は学校で学んだ人ほど持っているが、生きていく知恵というのは本や学校では学べない。

昔、小学校で工作という授業があって、ものを作り上げることに楽しみを感じたことがある。そして、家の近くには模型屋さんや駄菓子屋さんがあって、そこではプラモデルとか、他にも、なにかを組み立てる材料を売っていた。

私の子どものころは、それらを買ってきて創意工夫しながら作り上げることを楽しんだものである。また夏休みの工作の宿題では、いつも入賞するレベルにも達していた。

その影響もあって、私は子どものころからオートバイや自動車が好きで、それらのエンジンを調整したりすることを楽しんだ。工作によって創意工夫をする能力が身につき、また、それらの行為によってさまざまな知恵が生まれたのである。

最近では、子どもたちの遊び道具は与えられたゲームとかであって、そのゲームを楽しむことはできるのだが、ゲームを作り上げるという行為をしているわけではない。もちろん、そのゲームを通じて「自分たちでなにかを作り上げよう」と考える子どもが生まれるのであれば、それで能力が身につくのかもしれない。しかし、ただ単に誰かが作ったゲームで遊んでいても、そのなかで知恵というものがつくことはないのではないかと考えている。

知識というのは、現在ではインターネットを通じてその都度得ることができる。調べることの重要性は高いが、なにかを考えて行動するというのはそれ以上に重要である。毎日をいろいろと考えて行動することで、自分の目標や目的に基づきながら行動するようになる。すると考えて行動する癖がつき、その結果、目標や目的につながることになるから、数多く考えて行動することは、成功の原動力になるのである。

成功する人は、いきなり成功するということではなく、日々、目標を定めてクリアするから成功するのである。

無目的に時間を浪費する人は、成功することはできない。

世の中には、知識人という人たちがいたりする。

この人たちは、行動した結果に基づかずして結論を自分のなかに作り出してしまう傾向がある。世の中の事象を批判だけして、なんの問題も解決ができない。

また、経営コンサルタント会社というのも結構あるが、自分自身が経営などしたことがないのにコンサルタントだと言い張って、どこかで見てきたことをネタに提案だけする。もちろん、結果についての責任は取らない。

私が賃貸管理マニュアルの出版をしたころだが、以前の会社に入り込んでいた経営コンサルタント会社のコンサルタントが、いちいち私のところにきては指導をしようとしていた。当時、彼の訪問について、私自身は面倒くさいと考えていたが、会社の方針とあればつき合わざるを得ない。そのうちに、企業視察と称して、そのコンサルタント会社の視察団を受け入れ、ノウハウも公開した。多忙な時間を吸い取られ、会社にとってなんのメリットもなかった。結局のところ、私を使って彼らはビジネスを行い、会社からは顧問料も取っていた。それだけでなく、時間をかけて築き上げたノウハウまで漏えいさせていた。あまりに馬鹿馬鹿しかったので、社長に話して顧問契約を切らせてもらった。

最近では、私自身が経営コンサルタントの仕事をすることは少ないが、起業した当時は、いろいろな会社に出向き、営業戦略や商品開発まで手伝った経験がある。その際には、少なくとも利益が生ずる実業を指導していた。

実業は、結果がすべてである。

世の中には、虚業で生きている人たちが多い。そして、経験のない知識人などに惑わされることも多い。

なにかを頼むと「そんなことやっても無駄だ」とか「その必要がない」だとか言いながら、なにもしない。なにもしないことが正しいわけではないのに、それでもなにもしない。これは、できないのをごまかすために知識を振りかざし、やらない理由を述べては自分自身の保身をしているだけである。しかしながら世の中、こういう人のほうが受けたりするのである。

だが、なにもしなければ成功することはないが、だからといって失敗しないという保証もない。

実は、なにもしないということは、それだけで失敗に向かうことなのである。

知識より、経験を積むこと。

そして、経験則上の知恵を蓄えるべきである。

教訓その29 資格も自信につながるものである

私が宅地建物取引士（昔の宅地建物取引主任者）を取ったのは、不動産業に就いた年である。

せっかく自分で営業努力をして契約に結びついたのに、その契約時に資格者がいないと契約ができないケースがある。すると、お客さんからも「この人は免許を持っていないんだ」と認識されてしまう。さらに、資格者がいなければ契約ができないので、いちいちその調整が面倒くさい。

そこで、この資格を取るために考えたのは、毎週水曜日が休みだったので、それを利用して朝10時から夕方5時まで、県立図書館の自習室で勉強することだった。なにか他にやりたいことがあっても、とりあえずはこの時間は勉強を優先して図書館に通った。

勉強をするには勉強ができる環境を整え、強制的に時間を投じることが重要だ。いつも会社に出勤するよりも、多少、ゆっくりしてから図書館に出勤する。その時間は、会社で仕事をするように勉強をする。そして、せっかくの休日に勉強した自分へのご褒美として、帰りに美味しいものを食べたり飲んだりして帰宅する。

すると、

また勉強したいと考えるようになり、必ず成果が生まれる。

おまけに、図書館で勉強すると資格試験の勉強だけでなく、その試験の問題に関連する法律図書等も閲覧できるので、試験内容以外の研究も同時に行えた。そのため、効率良く勉強ができたし、そのおかげで現在も法律には詳しい。

当然だが、その年には勤めていた会社のなかでトップ合格を果たした。

つまり、なんでもそうだが、物事を嫌いになると言いわけを考え、行動にも表われるようになる。「仕事が忙しくて勉強する時間が取れなかった」とか、「試験の前に体調を崩していた」とか言い出す。

このような資格試験などの受験で、言いわけをしない行動を取るということは、試験に受かる行動計画を立てるということである。

現在はあまり資格を取るようなことはなくなったが、昔はいろんな資格を取った。

ガソリンスタンドで働いているときは、そこの社長に気に入られて高校時代に中卒で働いていることにしてもらって整備士の免許を取ったり、ガソリンスタンドで必要な危険物取扱主任者乙種の資格を取ったら、化学の試験で得意分野だったこともあり楽しくなって、1類から5類までの資格を取った。その後、当然だが、不動産コンサルタント業務を行っていたので不動産コンサルティングマスターや国際ライセンスのCPMも海外に行って受験し、日本人では第1号で取ることができた。

もちろん、資格試験がすべてではない。

その試験を通じて学べることは、仕事に役立てるようにできるのである。

一方で、資格を持っていれば即、その仕事ができると誤解されてしまうというデメリットもある。

私の場合は、先に書いたように学生時代に自動車免許は全部持っていた。このことは、仕事の発注者からしてみれば、「この人に頼めばどんなものでも運んでくれる」と考える。免許があるのだから、確かにあらゆるものをどこにでも運ぶことができる。しかし、日本で発売していないような40トンを超えるダンプカーや、歩道橋をくぐれるかどうかわからないような工作機械、60フィートの電車のようなトレーラー等、かなり勇気と経験がないと免許はあっても乗ることはできない。

しかし、私のところにはかような仕事がどんどん流れてきた。

他の人たちができない仕事は楽しくて仕方がない。また、私の周囲にも、楽しく仕事をやる人間が集まっていた。

輸送経路を事前に調査し、歩道橋下の高さを詳細に調べ、また車両は盗難防止のためにスイッチ類が隠されていたりするから、調べないとエンジンすらかけることができない。それらを事前に調べ、夜中の交通量の少ない時間帯に先導車をつけて移動させる。実際には短時間で仕事は終わるが、仕事の達成感が全く違う感覚を味わえた。

もちろん、他の人が断るくらいの仕事だから報酬も高かった。リスクも高いが、その分、保険もかけているから、存分に楽しい仕事になっていた。

人ができないことをやる勇気があると、こんなに楽しいものかとつくづく思う。

仕事に対する価値観とか、達成感とかは、そんなところで生まれるものだろう。

しかし、世の中には仕事を楽しくないと思っている人たちがいる。

それは、

仕事が楽しくないのではなく、
仕事が楽しく感じられないというだけだ。

仕事はなにをやっても楽しいに決まっている。創意工夫は日常茶飯事で、行っている仕事のなかにも、別な仕事のなかにも、楽しみは転がっている。それを楽しめるか、楽しめないかだけなのだ。

仕事でなくてもそうだ。

主婦だって掃除、洗濯、炊事を楽しめる人と楽しめない人がいる。なるべく効率良く洗濯物を干し、きれいに畳んで収納することを楽しめる人と楽しめない人がいる。料理もそうだが、冷蔵庫に入っている食材を、どのように料理して美味しく食べられるかを、考える人もいれば、考えない人もいる。掃除もそうだが、同じように部屋がきれいに片づいていることに、満足を覚える人と、覚えない人がいる。

これらのすべては、誰が満足するのかというと、実は、自分が満足するかどうかにかかっているだけだ。これらは、誰かに評価を求めるというものではない。誰かのためにではなく、自分の満足につながるかどうかなのである。

料理も、美味い不味いは食べた人が判断するのであるが、料理をすることによってこれらの経験が生かされ、スキルの向上に結びつく。料理の本を買って勉強したり、最近ではインターネットでもさまざまなレシピが書いてある。もちろん、これを活用して作る場合、料理のために食材を準備するということになる。一品一品作るために、食材を買いに行って準備する。そして料理を作ってみて、食べてみる、あるいは食べさせてみる。それで自分自身が満足できれば次につながる。そういう癖がついてくると、料理が楽しくて仕方がなくなる。スキルが上がってくると、食べさせた相手の喜ぶ顔が、また料理をする楽しみにつながるのである。

そのためには、食事に対する興味や経験が必要だ。

旦那が毎日、会社帰りにちょっと一杯飲んで帰るという家庭では、自宅での食事は期待できない。なぜなら、奥さんは外で外食することもなく、美味しい料理を食べたことがなければ、美味しい料理を作ることもできないからだ。

私自身は、現在もそうだが、サラリーマン時代に同僚と食事をする機会などは少なかった。日々外食をすることではなく、少しお金を貯めては高級な料亭や飲食店を調べて、家族と食事に行くようにしていた。

当然だが、舌が肥えてくると自分自身で美味しいと考えるもののレベルが上がってくる。そして、なにより、本物と偽物の区別がつくようになる。

これも一つの投資である。

勉強や仕事においては、そのフィールドが重要である。

どうせなら楽しめる環境を作って、みんなで楽しんでスキルを上げられたほうが良いに決まっている。

そのフィールドを作る努力も大切なのだ。

そして、

そのフィールドは、人が作ってくれるものではない。

教訓その30 身の丈に合わないことを口にする奴は信用するな

人間、ちょっと背伸びをしてできもしないことをできるように言って、人をだます奴がいる。意外に、この虚言癖のある人は多い。

昔、大手の広告会社が主催する勉強会で私が講演することがあった。

当時はまだ30代半ばのころだった。この勉強会で、主催者から「ぜひ引き続きこの研究会にきてもらいたい」と依頼され、そこの勉強会に参加するようになり、そこでさまざまな人たちと出会い、人脈のネットワークを広げることができた。

そのなかで、ある人物が私に近づいてきて「研究の成果を実務レベルに落とし込むために会社を作りたい」と提案されたことがある。そして、そのグループでは出版も計画していて、私も立ち上げに参加することになった。

その後、不動産関連のシステム開発がうまくできたので、商品化して販売する方針が定められた。そこで当時、前職の会社でちょうど賃貸管理システムを入れ替えようと考えていたから、そのシステムを実務に落とし込むために会社に導入し、私のノウハウも加えてのシステム開発がスタートした。

しかし、開発はどんどん遅れるし、そもそも専門家の介在がなかったから、汎用ソフトで作成されたシステムは実務的に不具合が生じ、処理時間も遅かった。最終的には、私の責任で導入したシステムのために会社に迷惑をかけてしまうと思い、とりあえず完成日を決めて、それまでに完成しなければペナルティーを支払う訴訟を起こすことを告げた。しかしながら、その期日までにそのシステムを完成することができず、損害の賠償を求める準備をしていたところ、驚いたことに彼はその会社の社長にさまざまな問題点を提示し、いかにもシステムの問題ではなく、業務に問題があるというようなことを言い出したのである。

結局、そのシステム開発をあきらめ、別の会社で完成させることができたが、時間と費用の浪費になってしまった苦い経験である。

彼の話術はいつも自信に満ちていたが、虚言癖があり、後でわかったことだが学歴も詐称していた。その後、周囲との関係上、つき合いは続けたが見事に全員裏切られた。なかには別件で数千万円の損失を被った人もいた。

また飲食事業でも、ひどい目にあった。

結構、知名度の高い飲食店のプロデュースをしたと称して、私に近づいてきたのがいた。

彼も前記の者と同様の感じだったが、その知名度の高い飲食店の社長の紹介と思ってつき合い始めたのが間違いだった。実は、彼はその会社ともトラブルを起こし、業務が続けられなくなったから当社にやってきたのだった。事情を聴いたのは、既に業務がスタートしてからだったので、もう後戻りはできなかった。

結局、貸したお金は返ってこないし、任せた事業はうまくいかない。

上記の2人に共通しているのは、普段、高級車を乗り回していて羽振りのいい話をしていたことだ。よく考えれば、羽振りがいいはずの人間と仕事をしているのに、お金を借りに来たり、事業をやるのに自分のお金は出さないのであるから、そもそも羽振りが良さそうなのも虚偽だった。

虚言癖のある人は意外と多い。

彼らに共通しているのは、言動と現実がかけ離れていることに本人が気がつかないことだ。

昔、兄弟の友だちというのが家に遊びに来た。この子どもは、当時、小学3年生くらいだったと思う。あまりにお腹がすき過ぎて倒れそうだというから、母親と姉が食事を用意して食べさせた。すると、こんなに美味しいものを食べたのは生まれて初めてだという。事情を聴くと、その子の母親は既に亡くなっていて、父親は家にもあまり帰って来ないという。親せきを転々としていて、どこに行ってもいじめられるという。今日も帰ればいじめられるから帰りたくないと泣きながら訴えていた。母親も姉も、一緒になって泣きながら話を聞き、せめて家に電話をしないといけないと言ったが、その子どもは泣きながら拒んだ。仕方がないので、その日は家に泊めてあげて、風呂に入れたり夕飯も食べさせたりした。

すると、翌日である。

その子の死んだはずの母親が子どもを引き取りにきた。

その母親は、その子どもの虚言癖に困り果てていて、その子は自分の思い描いたことが現実だと信じているらしく、自分の言っている嘘が嘘ではないと考えているという。「だますつもりはないので勘弁してください」と丁寧に謝って帰って行った。

多分、病気なのだろう。

大人になっても、身の丈のわからない言動を繰り返す者には気をつけないといけない。会社がうまくいってなくても高級外車を乗り回したり、実力もないのに大きなことを言ったりする人は多い。

人は、見かけによらない。

逆の意味で、身の丈にあった現実的な話のできない人とはつき合わないことだ。

教訓その31 金持ちは身なりで判断できない

金持ちのイメージは、よくテレビとか映画で伝えられるが、悪者のように描写されていることが多い。

また、テレビに出てくるタレントやセレブと呼ばれている人たちのなかにも、本当の金持ちもいるかもしれないが、実は金持ちとはいえない人も多くいる。もちろん、ここでは事例を公開できないが、芸能関係の知人経由でいろいろなことを知っている。とくに、仕事上で金持ちのように振舞っている人がいるが、借りたお金を踏み倒していたり、借りた車を返さなかったりと、本当に中身は調べてみないとわからない。

また、一般社会にも同様な人たちが存在する。

ある保険代理店の営業マンがいて、資産家向けの保険の販売をしていた。

この会社の営業マンというのは、そもそも保険業務とは関係のない人たちの集まりで、他の会社から引っ張られてきた人たちだった。聞くところによると、かなり高額な賃金を約束されたがごとく転職してきたが、実は、その所得は営業成績に歩合する仕組みだったため、当然だが所得は安定していなかった。資産家向けに営業している保険会社の社員が、お金に困っているわけだから、結構、知らないところで事件が頻発することになる。

たまたま私のクライアントが、その会社の営業マンによって、相続対策と称して一時払いの保険に入ることになった。実際、その保険の資料を確認し、確かに、その人にとっては効果のあるやり方なので話を進めることにした。ところが、その会社の営業マンはそのお金の振込先を、会社に直接ではなく、自分の口座に振り込むように指示してきたのである。その話を聞いて、私が「そんな話は聞いたことがない。それなら保険には加入しないほうがいい」と言ったところ、結果的には会社の口座に直接振り込むようにしたので、問題は回避できた。

彼は保険の営業マンであるのに高級外車を乗り回しており、いかにも商売がうまくいっているように見せかけていたのだが、たまたま私の所有する物件に入居していた。これは偶然に後からわかったことだが、彼としてみれば先の保険の話がまとまっているのだから、それなりの収入はあったのには違いがない。当社でも生命保険の代理店を行っているから、彼の報酬分は想像がつく。しかし、結局彼は、数か月もしないうちに家賃を滞納し始めたため、建物明渡訴訟によって、私の物件からは強制執行の手前で夜逃げするように出て行った。

さて、それに反して、本当のお金持ちの話。

仕事上でさまざまなことを行い、いわゆる資産家という人たちとのつき合いが多い。

実は、資産家のほとんどは質素な人たちばかりである。

あるスーパーマーケットが火災により閉店し、その後の対応策について依頼され、さまざまな問題点を解決したうえで、その土地に建物を建てることになった。その際、隣接する土地に借地権を設定して貸している建物があり、この土地の有効活用上、その借地権も買い取って一体的に活用したほうがいいと考え、設計プランを考えた。しかし、この事業計画によれば総額8億円近くかかる事業だったので、金融機関からは「1億円くらいの自己資金を入れてもらわないと融資ができない」と言われてしまった。

その人はスーパーをやっていたが、そのスーパーを貸して、自分では小規模な酒屋をやっていた。店を見る限りでは地味な店舗だったし、乗っている車も古い軽自動車で、あちこちぶつけていても気にもせず乗っているような人だった。

仕方なく私は、その夫婦に金融機関の意向を伝え、1億円の自己資金を準備しなければならないことを伝えたところ、夫婦で3億円を超える現金を持っていたことがわかった。

さすがにびっくりしたが、彼らは戦争を通じて一度、全財産を失っていたことから、現金の一部は郵便局に定期預金をして高利な複利でお金を増やしたり、安定株に投資して株価が上がっていたり、あとは商売柄、現金を金庫にしまっていたりしていた。

また、ある方は、東京のはずれで町工場のようなことをしていた。以前は人を使っていたらしいが、ほとんど家族で経営をしていた。たまたま借地のトラブルの解決のお手伝いをさせてもらったが、その後、体調を崩して相続対策の話になった。

実は、この方は銀座の地主だった。それも、一時は１００億円近い資産があったのである。

ここでは詳細には触れないが、本当のお金持ちは質素である。

私の知っている限り、あまり酒は飲まないし、タバコも吸わない。

当たり前のことだが、資産家の人は収入よりも支出が常に少なく、お金が貯まるようにすることに長けている。簡単にいえば、月額の賃料が５００万円入ってきて生活費が月50万円だったとしても、毎月４５０万円ずつ貯まることになる。

なかには、自分の会社が上場して、一攫千金を手に入れるような人もいる。

私が古くからつき合ってきた会社だが、その会社が厳しいときにはボーナスが払えず、その代わりに会社の株を与えていた時期があった。会社が少しおかしくなったときに、そそくさと退職していった人もいたし、早期退職制度で独立した人もいた。当時、まさかこの会社が上場するとは誰も思っていなかったし、社長も上場はしないと言い切っていた。古参の社員は、会社の将来を夢見て会社の株を買っていたらしい。

実は、この会社が上場してその株の所有者が公開され、私の知人は100億円を超える資産家になっていた。一緒に研究をしていたメンバーでも、20億円を超える資産家となっている。

ちなみに、最近は会っていないが、その100億円を超える知人と一緒に飲みに行った人から聞いたのだが、いまだにきっちりと会計は割勘だそうである。

本当の金持ちは、身なりや生活態度ではわからない。

むしろ金持ちぶって行動する人のほうが、お金に困っているケースもある。羽振りの良い振る舞いをしているからといって、だまされることのないように注意が必要なのである。

最近では、フェイスブックなどのSNSでセレブ感を演出している人たちを多く見受けるが、はたして、なにを目的としているのかも考えてつき合ったほうがよい。

これも、

人は見かけではわからないのである。

教訓その32 裏表のない言動や正直な行動が重要だ

私は若いころ、仕事のときにはスーツを着て一人前の不動産業者のような格好でいたが、普段はサーフィンをしているときの格好で過ごしていた。

ある日、私からマンションを買ってくれたお客さんに、信号待ちをしていた交差点で会ったことがあった。その人は八百屋さんを営み、コツコツと貯めたお金で無理のない物件を買ってくれた人で、あまりにも私の格好が仕事のときと違い、こちらが恥ずかしくなって挨拶もできなかった。もうあれから30年以上経っているのであるが、いまだに思い出す。そのお客さんは普段から質素に暮らし、夫婦で仕事をしていて、服装もいつも仕事着だった。奥さんも化粧気もないような人で、私を信じて、なけなしのお金を使い、その八百屋の隣の中古マンションを買った。当時、私は、仕事のときはまだ20代だったこともあり、なんとなく背伸びをして、憧れていたスーツ姿に皮底のビジネスシューズ、親父から引き継いだ金の腕時計にモンブランのボールペン、おまけに当時、誰も持っていなかったような皮のアタッシュケースを持っていた。その反動で、普段の格好は自分が一番過ごしやすい素のスタイルで、ジーパンにTシャツ、ボンバージャケットだった。当時は、お客さんには普段の姿を見てもらいたくないと思っていたため、無礼な態度をとってしまった。

不動産の仕事をしていると、いろんな人たちに会う機会が多い。とくに住宅の販売になると、不動産を買うのが初めてという客が多く、そういう人たちに対して、私のような若造が自らの経験もないのに不動産販売をしていた。

不動産業界に入って大きなお金を動かすようになってくると、だんだんと変な自己顕示欲が出てくる。それによって虚構の自分が作り上げられ、普段の自分との乖離によりゆがみが出てくる。すると、生活も変わってくるのである。

私はたまたまこの件があってから表裏をなくす態度に改め、仕事上のスタイルを普段の生活に近い形にすることで、結果的にゆがみがなくなった。それは服装を変えるということではなく、服装が変わっても態度が変わらないということである。

また、最初は、周囲の人たちには私の職業を隠しており、友人にも隠していた。私が不動産業界に入ったときに、父から「そんなヤクザのような仕事につくなら勘当だ」などと言われた経験がある。実際に仕事をしてみると、全くそんなことはなく、単なる父の勘違いであることはすぐさまわかったが、やはり当時は、父と同年代の人たちは、不動産業に対してあまり良いイメージを持っていなかったことは事実だ。そんなこともあって、周囲に自分の職業を伝えられなかったのだ。

しかし、先に述べたことがあってからは周囲にも不動産業の仕事に就いたことを伝えたし、親せきにも友人にも伝え、資格試験にも合格した。この職業は、人生のなかで重要な買い物である不動産に関しての決断を、提案内容一つで左右することになるので、さげすまされる職業ではない。

ただ、当時の不動産業者は尊敬できない人たちも多くいたことは事実だ。

こうしたことから、せっかく就いた職業なので悪いところは自分たちで変えるしかないと考えた。

自分たちの会社を変えただけでは、業界は変わらない。

そこで考えたのは、業界を変える。不動産業を、不動産「産業」として確立させる。

生意気なようだが、そのとき、真剣に考えたのである。

そこで業界のマニュアルを作成したり、研修の講師をしたり、業界団体の講演もこなし、さまざまな出版物を刊行するまでに至った。

もちろん、さまざまな方々から大変な批判もいただいた。相変わらず、私の講演を聞いて怒って帰る人たちもいた。しかし、私は姿勢を変えることなく、現状の不動産業を変えなければ、将来はないのだという当たり前の姿勢を貫いた。

結局、表裏ない態度で行動することによって、理解する人たちは増え続けていったし、非難する人より共感する人の数が増えていったし、多くの不動産で困っている人や悩んでいる人たちからさまざまな相談を受け、結果的に仕事が増えるようになった。

分不相応な態度をとったところで、中身はそれほど変わるわけではない。

身の丈に合った表裏のない生活を送ることが必要だ。

この件で、もう一つ事例を紹介する。

私が相続対策の仕事をすることになってから、地主といわれる人たちにアパートやマンションなどを提案することが増え、当時はさまざまなハウスメーカーに顧客の紹介もしていた。

そのときに、某ハウスメーカーのアパートを建てて満足していただき、その地主さんの弟さんが自宅を建て替えたいということで、そのハウスメーカーを指定してきた。そこで私が間取りや外構等をプランニングして、小さい敷地ながらかなり良いプランができ上がり、すごく喜んでいただいた。そして、その建物が完成して、私やそのハウスメーカーの社員も呼ばれ、竣工祝いを行うことになった。

そのときの話である。

その営業マンは、仕事ではすごく評価されていたが、そのときにちょっと酒に酔っていたせいか、あろうことか、そこの奥さんに「タバコ吸ってもいいですか」と言い出した。私は止めたのであるが、奥さんも「家ではタバコを吸う人がいないので」と言って、灰皿代わりに空き缶を渡し、その営業マンはそれを使ってタバコ吸ってしまった。さらに一緒にいた上司も吸い出したので、私が止めて、結果的には2本吸っただけだった。

しかし翌日、その弟さんを紹介してくれた方から「あのメーカーでは、二度とアパートやマンションを建てないように」と怒られてしまった。

せっかくいい仕事をしたのに、結果的に最後の気遣いができずに、将来の仕事をすべて失ってしまったケースだ。

また、よく居酒屋等で俺様的な態度をとる人がいるが、これも私はいただけないと思っている。

だいたい、そうした人たちは多かれ少なかれ失敗を犯し、成功することはない。

正直、私も若いころにはずいぶんと失敗した覚えがある。しかし、私の場合はその都度反省し、同じような失敗は二度としないように努力してきた。また、私は若いころからさまざまな人を見てきたから、酒の席で横柄な態度をとることもないし、人の噂話もすることはないし、人をさげすむような言動をとったこともない。自分を偉く見せようと考えれば考えるだけ背伸びをすることになり、実際の自分とはどんどん乖離してしまう。

これは仕事だけではなく、日常生活でもいえることだ。

たとえば、よくある話だが、恋愛中の男女が背伸びしてつき合ったりする。そんなにお金もないのに、デートの際に見栄を張ったり、プレゼントにもお金をかけて好かれようとする。しかし実情は、それほどの生活力もなければ所得もないからカードで借金をし、返済に追われる。彼女は、その態度が気に入って結婚するが、結婚した途端に多額な借金に気がつき、旦那に文句を言うと「それって、お前にかけたお金の借金だから、一緒に返すの当然でしょ」みたいなことを言ってケンカになる。

とくに、田舎から出てきた人に多いのだが、都会に出てくれば、あのトレンディドラマのような生活ができると勘違いするのがいるのである。

同郷の先輩の家に行くシーンなどで、これ、明らかに20万円以上するマンションだよな、と思える家がロケに使われる。絶対あり得ないシーンを見て、都会に行けばこんな生活ができると勘違いする奴が結構いたりする。最近では、ネットの情報もあるから少しは減ったかもしれないが、妄想と現実の乖離はなかなか埋められないものである。

また、最近は非正規雇用社員の労働者が増えており、実質的な平均所得が減ってきている。それも、結構年齢がいっているのに、非正規雇用で働く人が多い。もちろん、多くの人は後悔しているのだが、若いときには、自分自身、現在の姿は仮の姿だと現実逃避してしまうのだ。

実はミュージシャンを目指している、とか、俳優を目指しているとか、よって、いまはこの仕事は仮の姿だとかいってアルバイトを続けている。自分自身が夢に向かっている姿に陶酔しているのである。確かに、経営者から見れば都合の良い人材であるから、じゃあ、応援するから頑張って、などと言って、低い賃金で雇い続けられるから、需給バランスは成り立つ。
ただ、本当にそれで良いのかは、どこかの段階で考えなければいけない。

妄想の自分と、現実の自分。

まずは、現実の自分を見据えて将来設計をしなければいけない。

身の丈に合った自分を、表裏なく自然体で過ごすことが成功の鍵であると言える。

教訓その33

肩書にこだわる奴ほど仕事ができない

当社では、中途採用を行っている。

その際に、ある程度年齢がいっている応募者は肩書きを要求してくることが多い。

当初は、私自身があまり肩書きとかにはこだわらない性格であるから、年齢がいっていて箔がないと恥ずかしいのだろうという理由で、肩書きをつけてあげたことがある。

すると、単なる肩書であって社内的には意味のない肩書きなのに、それを悪用して社員に無駄や無理な仕事を要求するようになった奴がいた。仕方なく、部署を変えて違うセクションに移したのだが、結局満足な仕事はできなかった。すると、社内に労働組合を作って勝手に組合の委員長等を名乗り、社内で組合員勧誘活動を行ったり、集会と称して夜8時過ぎに人を集めたりしていた。結局、社内の人間はそれまでの経緯を知っているから彼について行く人はさほどおらず、組合は解散して退職していった。

また、先に書いた出版を目的として入ってきた者も、同様、肩書に見合った仕事ができずに孤立して退職していった。

それからは、応募者がいくら自分は実績があるという話をしてきても、最初から肩書きを与えることはしないようにした。

私自身、数社の代表者や役員をしているが、あまり肩書きにこだわることもない。サラリーマン時代にさかのぼっても、肩書にこだわることはなかった。

現在では、新規事業の立ち上げにおいては分社化し、その会社の代表者を決めつつ、権限を代理できる人材も含めて、相応の肩書きで仕事をさせるようにしている。よく考えれば、肩書とは、会社内だけでなく外部にとっても誤解を生じさせるアイテムである。人格や能力に合わないような肩書きというのは、本人だけではなく周囲にも悪影響を与えてしまう。能力のない人に限って派閥を好み、その派閥によって仕事とは別に権力闘争が行われることも多い。ある企業が中小企業から大企業に成長したものの、大企業病になり倒産するケースがあるが、それは仕事と関係のないところで権力闘争が発生し、そこで無駄な仕事や時間を費やすことになるために破たんにつながってしまう場合が多い。

おかげさまで、いろいろと勉強させてもらったので、現在では社内アンケートというのを行っている。これは、社内の風通しを良くする意味で効果的である。たとえば、現在の部署からたくさんある他部署への異動希望だったり、誰と働きたいか、誰と働きたくないか、そして、その理由を書く欄がある。このアンケートは、代表者である私だけが見ることになっているから、社員も安心していろいろなことを書いてくれる。かなりの数だから、私自身も大変だが、年に2回、このアンケートを行うことで、社内で尊敬されている人もわかるし、逆に軽蔑されている人もわかる。普段、私が一緒に仕事をしているわけではないし、めったに会うこともない社員からいろいろと教えてもらえる。現在の副社長も、このアンケートに基づいて人事を決めた。やりたい人と一緒にやりたい仕事をする仕組みであるが、これは結構、功を奏している。

実は、私自身、いまだに肩書はいらないと思っている。

人間、肩書で評価されるのではなく仕事で評価され、そして部下や同僚に評価をさせるのが正しいと本気で思っている。

人は肩書で尊敬されることはなく、

仕事で尊敬される、
生き方で尊敬される、
そして信頼されるのである。

そして、それに見合う肩書のような者が形成されるようになるのである。

教訓その34

相手の考え方や行動は変えられない

どんなに間違えた行動をとってしまったにしても、それは本人が正しいと思って行動していたら、後から「こうあるべきだった」と言ったところで、なにも変わるわけではない。

社会に出ると、さまざまな人たちが目の前に現れてくる。

ところが、その人たちが実際に考えていることは自分と同じというわけではない。

たとえば、私がある団体の会長職に就いたことがある。まだ小さい団体だったので、さまざまな小さな会社の社長連中が理事として動いていた。そのうちの一人がよく私に近づいてきて、いろいろと仕事を持ち込んできた。私自身も、なにかビジネスになればと考えておつき合いはしていたが、なかなかビジネスチャンスは得られなかった。

ある日、当社の公開していたブログに変な書き込みが繰り返し行われており、その書き込みの中身は、かなりの誹謗中傷や、事実と異なることだった。仕方がないので、その人の情報公開を求めて調べてみると、なんと、私にすり寄ってきていた彼だった。私自身は彼に嫌な思いをさせたこともなく、なにか損をさせたということでもなく、むしろさまざまな面でサポートをしていたつもりだった。

結局、彼とはなんのビジネスも行わなかったし、彼は理事からも離れていった。

普段は私に対しては丁寧な態度で接し、かつ、会社を経営している経営者でありながら、なんでわざわざそんなことをしたのか、いまだに疑問である。ただ単に当社が上り調子にあったことに加え、私自身がさほど能力もないのに、その団体の会長職を務めていたことが気に食わなかったことも理由としてあったのだろう。しかし、この行動によって彼の信頼は失われることになり、またなんの利益も得ることがなく、単に自らの信頼をなくしたことにつながってしまっただけだ。

世の中には、このようなことが多く起きていて、かような行為を行った人が後から冷静に考えると「なんてバカなことをしてしまったのだろう」と後悔する例が多い。

最近では、ＳＮＳ等の普及によって、さまざまな誹謗中傷が簡単にできてしまう時代だ。私が多くの著書を出したり、地域の活性化を手伝ったりしていることを面白くないと思っている人もいたりする。以前は、さまざまな相談に乗ったり、寄付を求められれば気持ちよく寄付したりしていた人たちが、なにかをきっかけにＳＮＳを通じ、私の誹謗中傷を書いていたりする。ひどいのになると、国籍詐称しているなどと書かれたりしているらしい。社員のなかには、書き込みをしている人は特定できているのだから損害賠償を請求したほうがいいと言ってくる者もいるが、相手にも家族がいることだしと放っておいてある。

世の中には、大人になっても幼児性が抜けない人たちは多く、昔は徹底的に論破したが、結局はそのエネルギーが無駄だったたし、それを言ったところで、相手の考え方は変わらない。われわれには犯罪者の気持ちがわからないのと同じで、相手方は正常な考え方ができない人たちだから、いくら話をしたり議論をしても、かえって反発されるだけである。

親切心をもって注意をしたところで、まず治ることはないし、かえって反感を買ったりするから、近づかないほうが無難だ。

しかし面白いもので、こういう人は困ったときにはまたもや頭を下げてすり寄ってくるのである。残念ながら、そのときはもうおつき合いはしないので、結局、損だけが相手方に回るだけである。

教訓その

35 物事は1からしか始められない

なんでもそうだが、最初の一歩は、1からしか始められないのである。

よく「私にはできない」とか言う人がいるが、物事に取り組むということは、誰でも最初はできないかもしれないが、やってみるという行為があったからできるようになっているのである。

仕事でも、遊びでも、恋愛でも、なんでもそうなのである。

最初の一歩を踏み込み、その踏み込む経験を積んでいるか積んでいないかで、できる人とできない人の差が出るのである。最初の一歩を踏みきれないから、次に続かない。だからなにもできないという人も、多くいる。

そもそも歩くのだって、最初に右足か左足かを出さないと前には進めない。

これと同じことで、物事は全部、「はじめの一歩」から始まるのである。

たとえば、これをやってみよう、あれをやってみようというアイデアはある意味、誰でも出すことができるのである。ところが、実際にそのアイデアが出されていても、誰かがその仕事を1から始めないとなにも進まないということである。意外に誰でもわかることなのに、わかっていない人は多い。

人は、変化を好まない。

はじめの一歩を踏み出すには、体重を前に移動し、一時は不安定になる。赤ん坊がつかまり立ちを始めて歩きだし、初めて自らの意思で歩くという動作をするときには不安定になる。場合によっては、一歩が踏み出せずに尻餅をついたりする。しかし、それを繰り返すことで歩けるようになるのである。

会社が大きくなってくると、どんどん部署が細分化されることとなり、所属する部署によっては、これができない人が上司になってしまう場合がある。その際に、実際に自分ができないことを部下に強要する上司が出てくるわけだが、こういった人たちは、経験に基づかずして指示することになるから、なかなか物事が進まないだけでなく、失敗する確率も非常に高くなる。

馬鹿な大将、敵より怖い。

かような上司に就いた部下は、絶対に勝てない戦に向かわされて、負けて帰ってくることになる。

したがって、私はまず自分でやってみることから始める。

昔、サラリーマン時代に新規事業部の開発を行うことになった。

これは重複する話だが、賃貸管理部門の立ち上げのことである。

私の前任者は、その事業の未経験者だったが、人を雇い入れながらその事業の立ち上げを行った。自分自身がやりたくて始めた事業ではなく、会社の方針で始めた事業であり、ほとんど実務では自分が動くことはなかった。

そのうちに、「人手が足りないからうまくいかない」「広告が足りないから成果に結びつかない」などとこぼすようになり、無駄な人員ばかり増え、コストも次第に上がっていった。確かに、その事業は当時、未整備な状況だったため世間的にも認知度が低く、利益が上がるような事業ではないと考えられていた。そのため、誰もが未経験であった。

その部長もいろいろと努力をしていたと思うが、残念ながら現場には出ずに社員に指示ばかりしていて、結局、成果が得られなかった。したがって、成果を得られないまま人だけをどんどん投入することとなり、結果的にその会社のお荷物となってしまったのである。そして、公団住宅の一室に反社会勢力の事務所を入れてしまって、その解決ができないまま退職してしまったのである。

結局、その部署の立ち上げを私が引き継ぐことになったのであるが、既存の社員にいろんなことを問いかけてみると、できない理由ばかり多く積み上げ、できるようにするにはどうすればいいのかを考えている者は誰もいなかった。

実際、私も未経験だったし、どのようにしたらいいのか見当もつかなかったから、まずは自分で実力をつけるために、前記の反社会的勢力の事務所の立ち退きと、その地域で起きている賃貸管理のトラブルやクレームがどのように起きるのかを体験するため、すべてのクレームやトラブルを全部、私宛に持ち込むように指示した。

社員には「とにかく、勉強させてください」と地域の地主さんに言って回らせ、「当社が介在した仕事だけでなく、他の会社が入れた入居者とのトラブルでも構わない」と無償でさまざまな案件を処理していった。そして、一つ一つ解決していく姿を部下にも顧客にも見せながら、自分自身も勉強していった。

実際やってみると、すごい数の案件があり、それらについて法的手続きが必要なときには弁護士を入れ、建築に関する案件は建築士を入れて、私自身も業務に携わりながら丁稚のように学んだ。その中で、契約書をはじめとする書式類の開発では、私一人ではできないので弁護士と打ち合わせをしながら進めた。当時、私も弁護士も忙しかったので、とりあえず仕事を午後8時ごろまでには切り上げて9時過ぎから打ち合わせを行い、夜中の2時ごろに帰る生活が続いた。1週間に3日ほどしか帰ることができず、事務所に寝泊まりをしながら完成させた。

おかげさまで、その体験が業界のマニュアルとして刊行できるようになったし、平成10（1998）年には「賃貸トラブル110番」（にじゅういち出版）という本まで出版した。

そして、その事業部は賃貸管理だけでなく相続対策の領域にまで業務を広げ、建築部門も兼ねることになったので、賃貸管理での経常利益率は日本一と言われるようになった。

仕事でもなんでもそうだが、物事を積み重ねて組み立てる作業というのは、1から始めないと、なにもスタートしない。誰かが1から始めて、その後につなぐことになるから事業というのは成長するのである。

「どこかの会社がうまくいっているから、それをわが社にも導入する」と考えるのは簡単だが、ただ導入するだけではなく、1から始めないとどうにもならない。

仕事も遊びも同じだ。

物事のすべては、はじめの一歩があるからいまがあるのである。

人生も同じである。

生まれたのもはじめの一歩だし、歩き出すのもはじめの一歩だし、保育園に行くのもはじめの一歩だし、進学もはじめの一歩だし、就職もはじめの一歩である。

常にはじめの一歩があり、そのときに、自らが率先して取り組み、当事者意識をもって努力していれば、失敗することはない。

人間、誰でも、生まれて死ぬまでしかない。

その時間は、一緒ではない。

長く生きる人もいれば、短い人もいる。

また、同じ年齢でも、中身が全く違うのが人生の面白さだ。

辛く生きても、楽しく生きても、一生は同じだ。

であれば、楽しく生きたほうが良いに決まっているのである。

楽しく生きるには、
なんでも率先してはじめの一歩を勇気をもって行うことだ。

おわりに

私は親から引き継いだ財産などはなく、多くの事業も自ら起業して創り上げ、現在の地位を築き上げてきた。

「それって会社の経営者になったからでしょ」と思われる方もいるかもしれないが、実はサラリーマン時代に資産を築き上げている。確かに、いまではさまざまな事業を行っているし、テレビやラジオにも出させていただき、著書も多く出させていただいているから〝先生〟と呼ばれることもあるし、〝社長〟と呼ばれることもある。まあ、呼び方は、どうでもいいのであるが、本書には、できるだけ実体験に基づいた、私が現在考えている「教訓」を書かせていただいた。

さて、私自身は、人生には区切りがあると考えている。

一つは幼少時代、一つは学生時代、そして社会人時代、最後は熟年時代としている。

幼少時代と学生時代は、当然、親や周囲の人たちに助けられて過ごすわけだが、社会人時代は、それまでの人生の経験の中では味わったことがない、会社で働いて収入が得られたり、仕事を通じて知識を蓄えたりすることができるという時代となり、そこで稼いだお金、得られた知識は、熟年時代になってから、自分の好きなように自分や家族や社会のために使うべきだと思っている。

私自身が実業の社会で生きてきて、いろんなことを勉強してきたのであるが、経験から得られた知識と比べれば本から得た知識等は生きていくうえで、あまり役に立たなかった。なぜなら、実際には本で学べることは、参考程度にしかならないからである。学生時代は、学校の先生は教科書に書いている世界を教えるだけで、そのことは社会で生きていくためのヒントにはならない。実業家の人たちも、本当のことを語ろうとはしない。

私自身が40歳、50歳になったときに、ようやくわかったことがたくさんあるのだが、それは、自らの経験を通じてであった。

そう考えると、このこと自体をもっと前からわかっていれば、もっと成長できたのではないかと考えるようになった。

以前に「馬鹿に効く薬。」（週刊住宅新聞社）という本を書き上げた。出版当時は思ったように売れることはなく、やはり実業家のこの手の本は売れない、という烙印を押されてしまい、創作意欲を失いかけていたところ、この本を読んで人生が変わったという人が現れた。内容的には、格言めいたストーリーなのだが、とくに経営者層に受けた。また、学歴社会に悩まされていた人からも、「勇気が出た」と感謝の言葉をいただいた。

本書は、どちらかというと若年層の人たちに伝えたい内容にした。

なぜなら、現状の日本の社会において、将来の夢を持てずにいる子どもたちがとても多く、なにもかもあきらめて生活することが正義のように思っていて、そうした生活を送るために社会や会社があると錯覚しているようにさえ見えて仕方がなかったからだ。

現在、国内においては労働時間を短縮し、最低賃金を上昇させれば国民が納得すると考えているように見受けられる。しかしながら、若いときの時間を有効に活用しなければ、将来的に蓄えもないまま、スキルもない状態で仕事をすることになり、その結果、社会の構造が極めて危険な状況に陥ると考えている。たとえば学生時代に勉強時間は短縮し、お小遣いを上げてあげれば、立派な子どもに成長するかといえば、誰でもわかるとおりそんなことはないのである。

本書の内容は、またもや私の人生の恥を晒すようなものとなった。本当なら、現在の地位があるわけだから、真実に着色して美談的な話にすれば、私の過去の人生をかっこよく読者に伝えられたかもしれない。しかし、それでは読者にとってなんの役にも立たないだろうから、恥を忍んで事実を書かせていただいた。

実業家のなかで、このような本を出す人は多分、いないのではないかと思う。

さて、私自身、今年は還暦、60歳になってしまう。もう熟年の時代に入ったとすれば、なにか社会にお礼をしないといけない歳だ。だからといって、むやみに寄付行為をすることも好きではないから、実業のなかで社会貢献をしていきたいと考えている。当然、仕事を通じて社会貢献はしているが、はたと気がつけば

「馬鹿に効く薬。」の評判である。

自分自身が、もっと若いときに気がついていれば、いまよりもスキルも上がっただろうし、もっと大きな成功ができていたと思う。また、他の著書においても、同じように社会貢献がそこそこできていると思うし、さらに突き詰めてみれば、私自身が、現在の私と若いときに出会っていたら、もっと苦労も少なく成功できたのではないかと考えたのである。

実業家の指導者は、必要である。

いまの若い人たちが、将来の夢を持たずに無駄な時間を過ごし、無駄な浪費を繰り返すことで、結果的に社会人時代で破たんすることにならないで欲しいと思っている。

もし、日本の国が将来において破たんするなら、それは勤勉という日本人本来の性格を失い、道徳や倫理を重んじないようになることが原因になると本気で危惧している。

本書では、恥を忍んで私なりのメッセージを書かせていただいた。

本書は、還暦を迎えた実業家からの包み隠さない内容とした。命は、生きている時間であり、人生は、その時間にどれだけ楽しめたかの結果である。

辛く生きても、楽しく生きても、同じ人生だし、ちょっと見方を変えるだけで大きく変わるものである。

本書を最後まで読んでいただき、少しでも読者の、人生の見方が変われば幸いである。

平成30年4月

三浦市三崎の自宅書斎にて

倉橋　隆行（くらはし　たかゆき）

1958年生まれ。株式会社CFネッツ代表取締役兼CFネッツグループ最高責任者であり、グループ企業18社を率いる現役の実業家。20社を超える起業に携わり、複数の事業再生案件も成功させている。

また、自ら渡米して国際ライセンスのCPM（Certified Property Manager）を日本人で初めて取得しており、現IREM-JAPANの創生に携わり、2002年の会長に就任している。

また、1995年には日本で初めてPMマニュアルを出版、プロパティマネジメントの近代化に取り組んでいるPM業界の第一人者でもある。

2000年に日本初の不動産コンサルタント会社CFネッツを創業。不動産コンサルティング業界の第一人者であり、いまだグループ企業の創生を続けている。不動産投資から不動産全般の法律問題、相続対策、建築コンサルティング等や、不動産業者向けの経営コンサルティングやシステム開発にも携わり、抜群の成果を誇る経営コンサルタントとしても活躍中。さらに執筆活動や日本全国で講演なども行っている。不動産投資家としても著名であり、さらに「城ヶ島　遊ヶ崎リゾート」「三崎港　蔵」「六本木　遊ヶ崎」「三崎港ラーメン」「伊万里ちゃんぽん」などの飲食店の経営やプロデュースもする美食家としても知られ、プロデュースした店舗がミシュランガイドに2店舗掲載されている。

テレビ出演では「ここが変だよ日本人」「ジェネレーションジャングル」「ワールドビジネスサテライト」などに出演し、最近では「大人の歩き方」「ここが知りたい不動産」にレギュラー出演し、ラジオ番組ではFMヨコハマ「ここが知りたい不動産」にも出演している。

著書には『賃貸トラブル110番』（にじゅういち出版）、『不動産投資、成功の方程式』『お金に困らない人生設計』『損しない相続　遺言・相続税の正しい知識』（以上、朝日新聞出版）、『プロが教えるアッと驚く不動産投資』（住宅新報社）、『やっぱり不動産投資が一番』『馬鹿に効く薬。』『生島ヒロシの相続一直線』（以上、週刊住宅新聞社）、『都市農地はこう変わる』（プラチナ出版）ほか多数。


教訓。

2018年6月14日　初版発行
2019年5月24日　初版第2刷発行

著者　倉橋　隆行
発行人　今井　修
印刷　藤原印刷株式会社
発行所　プラチナ出版株式会社
〒160-0022　東京都中央区銀座1丁目13-1
ヒューリック銀座一丁目ビル7F
TEL 03-3561-0200　FAX03-3562-8821
http://www.platinum-pub.co.jp
郵便振替　00170-6-767711（プラチナ出版株式会社）

落丁・乱丁はお取り替えします。

ISBN978-4-909357-20-5